KB190763

나철평전

독립운동의 선각

민족종교와 독립운동의 선각 **홍암 나철 평전**

—

초판 1쇄 발행 2021년 5월 28일
초판 2쇄 발행 2021년 9월 27일

지은이 김삼웅
펴낸이 한종호
디자인 임현주
인쇄·제작 JK프린팅

펴낸곳 꽃자리
출판등록 2012년 12월 13일
주소 경기도 의왕시 백운중앙로 45, 207동 503호(학의동, 효성해링턴플레이스)
전자우편 amabi@hanmail.net
블로그 http://fzari.tistory.com

—

ISBN 979-11-86910-31-3-03250
값 18,000원

독립운동의 선각

나철평전

김삼웅 지음

 꽃자리

목차

○

1장 나라 쇠퇴기의 출생과 성장

2장 민족의식 갖고 사회 참여

12장 남긴 글과 시문

13장 추모와 정신계승

부록

태양이 빛나면 씨앗은 싹트는가

○

(1) "태양이 빛나면 씨앗은 싹트지 않을 수 없다."(에이브러험 링컨)-우리나라를 비추는 태양이 덜 빛나서일까, 튼실한 씨앗이 뿌려지고 그 어둠 속에서도 나름 빛이 났는데, 정작 빛이 들어오고 (광복) 난 뒤에는 제대로 성장하지 못한 채 지체된 모습을 보였다. 그리고 '씨앗'도 '텃밭'도 별로 알려지지 않았다.

(2) '씨앗의 텃밭'에 들어왔던 분들을 톺아보기. 김교헌, 서일, 윤세복, 백순, 이상설, 이동녕, 신규식, 조완구, 이시영, 조성환, 박은식, 황학수, 김승학, 홍범도, 신채호, 김좌진, 이범윤, 김동삼, 이범석, 안희재, 여준, 박찬익, 유근, 정인보, 명제세, 김규식, 이상룡, 조소앙(입교 순)

(3) 씨앗의 주인공은 과거에 급제하였으나 관직에 나가지 않고 을사늑약을 전후하여 세 차례나 일본으로 건너가 궁성 앞에

서 단식 농성하면서, 조선침략의 원흉들에게 흉계를 중단할 것을 엄중하게 힐책하였다.

(4) 귀국하여 비밀결사를 조직하고 을사오적의 처단을 시도하였으나 그 뜻을 이루지 못하고 붙잡혀 10년 유배형에 처해졌다. 고종의 특사로 풀려난 후 다시 도일, 이토 히로부미 등에게 조선침략을 규탄하고, 숙소에서 단군교의 영계(靈戒)를 받는다. 서울로 돌아와서 단군교를 대종교(大倧敎)로 중광(重光)하였다. 단군을 숭상하는 전통적인 단군교를 단순히 개명한 것이 아니라 종교적이면서 역사적, 사상적인 이론으로 새롭게 정립(중광) 하였다.

(5) 1910년 국치 직전 만주에 대종교 포교활동과 독립운동 기지를 건설하는 한편 국치 후에는 망명하여 백두산 기슭 청파호 인근에 교당을 설치, 본격적인 포교활동과 독립운동을 시작하였다. 대종교 활동을 독립운동과 연계하였다.

(6) 『신리대전』, 『삼일신고』 등 대종교의 경전을 저술하거나 간행하고, 국학의 뿌리인 한글의 중요성을 고취하며 교도와 교민들에게 한글 사용 등 민족교육을 실시하였다.

(7) 54세 되는 해(1916년) 음력 8월 15일 단군교의 성지 구월산 삼성사에서 대종교의 제천 의식인 선의식을 올리고 유서를 남긴 채 순명한다.(유서 내용 한글 풀이)

을유년(1945) 8월 15일에 일본이 패망하고

소련과 미국이 나라를 남북으로 분단하도다

공산주의와 외래종교가 민족과 국가를 망치고

공산·자유의 극한 대립이 세계를 파멸할지니

마침내 백두산의 밝달도가 하늘 높이 떠올라

공산·자유의 대립파멸을 막고 지상천국을 건설하리라.

(8) 이상룡, 박은식, 김교헌, 신채호, 정인보, 문일평, 안재홍 등 민족사학의 뿌리는 대종교의 '텃밭'에서 기원하며 (2)에서 열거한 쟁쟁한 독립운동가들이 대종교에 입교한 분들이었다. 따라서 대종교는 우리 민족사학과 독립운동의 텃밭이었다.

(9) 그의 사후이지만, 1918년 11월 만주 길림의 대종교 총본사에서 우리나라 최초의 독립선언서인 「대한독립선언서」(일명 「무오독립선언서」)는 망명독립운동가 39인 명의로 발표되었다. 대종교의 중광단 인사들이 중심이었고 대종교 신봉자 조소앙이 집필하였다. 한일합방은 무효라고 주장하고 "정의의 칼로 나라를 훔친 적을 도결(屠決)하여 운명을 개척하자"고 '육탄혈전'을 선언했다. 중광단의 맥을 계승한 북로군정서는 육탄혈전의 정신으로 청산리대첩을 이루었다.

(10) 일제는 대한제국 병탄 후 유독 동학과 대종교를 불법화하면서 대종교를 "국조 단군을 숭봉하는 교단으로서 민족의식을

환기하고 일본에 반발하여 일반 대중으로 하여금 일본에 적개심을 일으키는 종교요, 민족적 혈통을 고수하여 국권회복의 선봉 기수가 될 위험이 있는 단체"로 몰아 국내 포교 활동을 금지시켰다. 그래서 총본사를 만주로 이전하게 되었다.

(11) 1919년 대한민국임시정부를 상하이에 수립할 때 주역인 의정원의원 35명 중 28명이 대종교 교도들이었으며 임시정부가 '독립전쟁의 원년'으로 규정한 1920년 봉오동·청산리대첩의 주역들 역시 대종교인들이었다.

(12) 을사늑약 직후 동학 3대 교주 손병희가 동학을 천도교로 개명하면서 항일독립운동의 선두에 나서고, 홍암 나철이 한국 병탄이 눈앞에 다가온 1909년 8월 5일 단군교를 대종교로 중광하고 항일전선에 나선 것은, 국난기에 대처하는 우리 민족종교의 본모습을 보여주었다.

국난기와 국망기에 온몸을 바쳐 구국과 독립을 위해 나섰는데, 역사가 제대로 평가하지 않고 국민에게 잊혀진다면 어찌 건강한 사회라 할 것이며, 그것은 누구의 책임일까? 독립운동사를 공부하면서 이 부문에 이르면 가슴이 미어지는 아픔을 겪는다.

당사자들이야 평가받고 대접받고자 나선 일이 아니고, 그것이 식자의 도리이고 정도이고 시대적 소명이기에 행한 것이지만, 역사가 그러해서는 안 된다. 일제강점기 어림 30만 명에 이르던 대종교 교도가 중광의 주역을 포함 10만여 명이 순교 당하고, 현재는 4천여 명의 초라한 모습을 유지한다.

우리는 해마다 10월 3일을 4대 국경일의 하나인 개천절로 기념한다. 이날의 기원은 나철 선생이 1909년 대종교를 중광하면서 그해 10월 3일(음력)부터 해마다 개천절 행사를 거행하였고, 임시정부에서 이어받았다. 이날은 서기전 2333년 단군왕검이 고조선을 건국한 날이다. 해방 뒤 '국경일에 관한 법률'에 따라 음력을 양력으로 바꾸어 양력 10월 3일을 개천절로 기념한다. "태양이 빛나면 씨앗은 싹트는가"를 거듭 묻게 된다.

저자 김삼웅

주춧돌이요, 마당이요, 집터

○

나는 감히 이렇게 말합니다. "한국이 이만큼이나마 명맥을 이어오게 된 것은 대종교(大倧敎) 덕분이다."

뭇 사람들이 잘 모르는 것이, '大宗敎'가 아니라 '大倧敎'입니다. '마루 종(宗)'이 아니라 '상고 신인 종' 또는 '신선 종'으로 훈을 다는 '倧'자를 씁니다. 누가 신선인가? 이는 곧 '한배검[天祖神]'을 가리키는데 이 세상을 만든 한인[桓因, 造化神], 이 세상을 가르친 한웅[桓雄, 敎化神], 그리고 이 세상을 다스린 단군[檀君, 治化神]이라는 세 신을 일컫습니다. 그리고 이 세 신은 결국 한 몸으로서 세검한몸[三神一體], 이를 '한배검'이라고 하는데 사라졌던 한배검을 다시 불러 모셨으니 대종교 초대 종사인 나철은 교주가 아니라 '다시 불러 모시어 빛나게 만든 큰 스승', 곧 '중광(重光)의 대종사(大宗師)'라 불리웁니다.

부여에서는 영고(迎鼓, 맞이굿), 고구려에서는 동맹(盟), 백제에서는 교천(郊天), 동예에서는 무천(舞天), 그리고 신라와 고려에서 거창하게 벌어졌던 팔관회(八關會) 같은 제천의식을 통해 단군, 곧 하느님을 모시고 기렸던 흔적이 있습니다. 이러다가 불교, 도교, 유교 등 외래종교가 위에서부터 젖어 내리는데다 국난을 당하자 단군은 본색을 잃고 한동안 잊히다시피 하였지만 민중의 바다 저 깊숙이 살아남아 20세기 벽두에 시대의 부름에 따라 홍암 나철 대종사님의 중광과 함께 대종교라는 이름으로 다시 떠오른 것이라고 우리 대종교인들은 그렇게 배워왔습니다.

대종사님의 구국 행적을 보려면 첫머리에는 일본의 신의를 기대하며 외교전을 펼치다가 그들의 정체를 깨닫고 실망하여 의열 활동에 몰두합니다. 그리고 그 한계를 깨닫고는 종교에 호소하여 인간과 사회의 궁극적인 변화에 바탕한 이 세상의 근본적인 사태해결을 꾀합니다. 대종사님에 감화되어 헤아릴 수 없이 많은 독립운동가들이 대종교에 들어오게 된 것입니다. 그리고 그들의 단군사상과 대종사의 가르침을 따라 외교, 한글, 역사, 무장투쟁, 임시정부 등 독립운동 전 영역에서 처절하게 항쟁하게 됩니다.

1909년 음력 1월 15일, 나철 대종사님께서는 오기호(吳基鎬), 강우(姜虞), 유근(柳瑾), 정훈모(鄭薰謨), 이기(李沂), 김인식(金仁湜), 김춘식(金春植) 등의 동지들과 함께 서울 종로구 재동에서 단군대황조신위(檀君大皇祖神位)를 모시고 제천의식을 거행한 뒤 단군교

(檀君敎)를 공포하였습니다. 이날이 바로 중광절(重光節)이며 이로써 단군의 가르침은 명실공히 700년 만에 우리 앞에 다시 섰습니다. 그리하여 서기전 2333년(戊辰年), 즉 단군기원 원년 음력 10월 3일에 국조 단군이 최초의 민족국가인 단군조선을 건국했음을 기리는 뜻으로 개천절이 제정되었습니다.

단군교의 중광과 함께 도사교(都司敎)로 추대된 홍암 나철 대종사는 밀계(密誡)와 5대 종지를 발표하여 교리를 다듬어 간추리고 교단의 얼개를 짬으로써 교세를 펼치도록 애를 썼습니다. 흰옷 입은 뭇 사람들이 이를 기꺼이 반겨 1910년 6월, 서울에서 2,748명, 지방에서 1만 8791명이 교인이 되어 모여들었습니다. 그런데 이렇게 단군교가 중광된 한 해 뒤 대종사께서는 단군교의 이름을 대종교로 변경하게 됩니다. 종단의 명칭에 단군이 들어가자 일제의 지속적인 탄압으로 활동하기가 어려워 대종교로 변경한 것입니다.

미군정 때 대종교는 유교, 불교, 천도교, 기독교 등과 함께 5대 종단의 일원으로 등록되었으며 정부 수립 뒤에는 초대 문교부장관 안호상(한뫼 安浩相 1902~1999) 박사의 노력으로 천주교를 포함한 6대 종교 가운데 제1호 종단으로 등록되었고 개천절을 국경일로 제정 받았습니다. 당시에는 살아남은 쟁쟁한 대종교 인사들이 정계와 학계 등에 상당수 포진해 있었습니다. 그런데 왜 대종교는 머지않아 이렇게 사회의 주변부로 밀려났을까요?

첫째, 대종교는 항일무력투쟁에 너무 많은 힘을 소진하였고 희생이 컸다는 것입니다. 비록 일부 지도급 인사들이 살아남아 환국했지만 특히 풀뿌리 민중의 희생이 막심하였습니다. 만주에서의 기반은 초토화되었고 국내에는 어디에도 당장 발붙이고 성장할 만한 최소한의 근거지도 남아 있지 않았습니다.

다음은 정계와 재계에서의 밀려남입니다. 혼란한 해방 후 정국에서 친일인사들이 부활하여 이승만(雩南 李承晚 1875~1965) 정권과 결탁하여 부정부패로 부와 권력을 차지해 간데 비하여 대종교 인사들은 위험한 잠재적 경쟁자로 간주되어 일회용 간판으로 정권에 이용당하고는 권력에서 일거에 밀려났습니다. 적수공권으로 돌아와 맞은 아수라장 같은 천민자본주의 태동기에 그 흔한 적산 하나 못 챙기고는 물적인 토대가 될 폭넓은 민중의 지원이나 스스로 재력을 키울 기회를 번번이 놓쳤습니다.

둘째, 좌우대립과 한국전쟁 때문이기도 합니다. 대종교의 명망 있는 많은 인사들이 납북되거나 행방불명되었으며 인적, 물적 토대가 완전히 파괴되었습니다. 냉전세력의 뒷받침을 받은 정권은 특히 민족주의자들을 경원시하여 국가보안법 등으로 좌우 이념 투쟁의 애꿎은 희생물로 만들기 일쑤였습니다.

그리고 마지막으로 한국사회의 급속한 서구화 때문입니다. 어쩌면 이것이 가장 큰 원인일지도 모릅니다. 특히 새로 자라난 젊은 세대들은 동양적인 것, 우리 고유의 것은 뒤떨어진 볼품없는 것으로 각인되도록 제도교육과 대중문화, 외래종교에 의하여 지속적인 세뇌를 당하였습니다. 이는 대종교만의 이야기도 아니고 지금도 근본적으로 달라진 바는 없습니다. 비록 70년대를 즈음하여 복고적 민족주의가 일부 되살아나기는 했으나 그 국격을 살리고 민족정기를 바로잡을 황금 같은 시간을 물 흘려보냄으로 생긴 세대차, 인식차의 골짜기는 여전히 메우기 버겁게 남아 있습니다.

대종교의 얼과 몸은 우리의 건물을 받치고 있는 주춧돌이요, 마당이요, 집터와 같습니다. 리영희 선생의 말씀대로 새는 좌우의 날개로 날지만 머리와 몸통이 없다면 어찌 될까요? 대종교와 단군은 미신이 아니고 신화가 아닙니다. 우리 민족의 사상이고 살아있는 역사입니다! 김삼웅 선생님! 선생의 노력으로 홍암 나철 대종사님의 평전이 나오고 대종교가 알려지기에 큰 감사를 드립니다. 진심으로 고맙고 감사드립니다. 늘 건안하시기를 바랍니다.

대종교 총본사 총전교 박민자

홍암 나철 대종사 종손부

독립운동을 하면 삼대가 망한다

○

친일 후손들이 선대가 물려준 경제적, 사회적, 문화적 자본에 힘입어 사회의 주류로 성장한 반면, 독립운동가의 후손은 해방된 조국에서조차 선대의 신산한 삶을 그대로 물려받은 경우가 대부분입니다. 2015년, 〈한국일보〉가 광복 70주년을 맞아 의미 있는 조사를 했습니다. 독립운동가와 그 후손들의 모임인 광복회 회원 6,381명 전원을 대상으로 생활실태 설문조사를 한 것입니다. 응답자는 1,115명이었습니다. 조사에는 독립유공자 1대가 58명, 자녀 대인 2대가 469명, 손자 대인 3대가 509명, 증손자 대인 4대가 53명 참여했습니다. 독립유공자와 가족들은 '사회적 무관심'과 '경제적 빈곤'을 토로하였습니다. 독립운동가와 그 후손들의 월 개인소득이 200만 원을 넘는 경우는 4분의 1도 되지 않았습니다. 50만 원 미만이 10.3%, 50~100만 원이 20.9%, 100~200

만 원이 43%였습니다. 더구나 이 액수에는 이분들이 받는 연금 (52~188만 원)이 포함된 만큼 순소득만을 따지면 극빈층이라고 보아도 무방한 수준이었습니다. 자산 5천만 원 이하가 28.3%, 5천만 원 이상 1억 원 미만이 21.1%, 1억 원 이상 2억 원 미만이 20.9%였습니다. 2013년 당시 우리나라 가구당 순자산 3억 3,085원에 훨씬 못 미치는 금액이었습니다. 경제학을 전공한 제가 보기에 이 수치는 체감상 더 확 와 닿았습니다. 제가 가장 안타까웠던 지점은 바로 친일 후손들과 독립운동가 후손의 학력의 차이였습니다. 독립운동가 후손 가운데 학력이 중졸 이하인 사람이 40%를 넘었습니다. 무학이 4.7%, 초등학교 졸업이 22.8%, 중졸이 12.8%, 고졸 학력을 가진 사람은 25.7%였습니다. 학력수준의 차이는 재산적, 사회적 신분 차이로 확대되어 왔습니다.

혹자는 이들의 학력과 재산상황을 보면서 이들의 무능력과 노력 없음을 탓하기도 할 것입니다. 일제강점기부터 대를 이어 세상을 누려온 친일파들도 그간 그들 나름의 최선의 시간과 노력을 들였을 것입니다. 독립운동가 진영의 가족과 자손들 중에 무능력하고 의지가 박약한 사람들만 있었던 걸까요? 현재 양 집단 간에 체계적으로 벌어지고 있는 극명한 차이를 어떻게 설명해야 할까요?

지금 국립현충원에는 친일인사가 묻혀 있고, 그 수가 400여 명이 넘는다는 기사를 봅니다. 반대로 타국 땅에서 나라 잃은 국민의 멸시와 조롱을 견디며 치열하게 독립운동을 하다 그곳에 그대로 묻힌 독립운동가 분들의 유해는 대한민국으로 송환되지 못하고 있습니다. 매년 3·1절, 광복절마다 반복되는 이야기들입니다. 울분과 체념은 필요치 않습니다. 우리가 중요하다고 여겨야 할 것은 따로 있다고 생각합니다.

부끄러운 과거를 들춰내고 용서를 구할 용기가 없다고, 자랑스러운 의지와 행동들을 인정할 수 없는 것은 아닙니다. 잘한 것을 잘했다고, 그래서 다시 이런 비슷한 상황이 생기면 이렇게 하는 것이 옳은 것이라고 인정하고 말하는 것이 중요합니다. 시간이 흘러도 내 아이, 그 아이의 아이, 친구, 가족, 그들이 속한 사회가 계속 그렇게 이야기하는 것이 중요합니다. 옳은 의지와 행동은 시간이 지나도 퇴색되지 않는다는 것을 증명하면 됩니다. 그렇게 사회는 옳은 방향으로 나아가게 될 것이라 믿습니다.

그래서 역사를 공부하는 것이 중요하다고 생각합니다. 과거를 인정하기 위해 공부하는 것입니다. 복수하고 빼앗기 위해서가 아닙니다. 부끄럽고 자랑스러워하기 위함입니다. 역사를 이어받아 현재를 살아가는 우리 구성원들이 가져야 하는 최소한의 자세라 생각합니다.

우리 근대사는 해방 후에도 활짝 펴지 못하고서 질곡의 시기를 거쳤습니다. 그렇다고 그것을 부정할 수 없습니다. 자랑스런 업적들도 있었으며, 우리의 문화적 자긍심은 국경의 한계를 훌쩍

추천의 글

넘고 있습니다. 우리 사회 구성원 대부분은 역사를 배우고 인정할 자격을 갖추고 있다고 생각합니다.

저는 믿습니다. 제 고조부, 증조부뿐 아니라 당시 뜻을 같이 했던 모든 분들의 뜻이 그러했을 것입니다. 자손들, 그 가족들, 사회 구성원들을 믿으셨을 것입니다. 최소한 저는, 선조들의 자기 희생적인 행동들을 이런 방식 이외의 방식으로는 이해할 수 없습니다. 그 믿음을 잇지 못하는 것이야말로 부끄러운 일이라 생각합니다.

도산 안창호 선생께서는 "역사에 다소 관용하는 것은 관용이 아니요 무책임이니, 관용하는 자가 잘못하는 자보다 더 죄다"라고 하셨습니다. 역사에서 배우는 것 없는 것이 무책임이요, 잊는 것이 커다란 죄라고 지적하시는 듯합니다.

고단한 작업에도 불구하고 독립운동사의 족적을 기억하게 해주시는 김삼웅 선생님께 자손의 한 사람으로서 다시 한 번 감읍드립니다.

홍암 나철 대종사의 현손 나근세 올림

대종교는 민족정신과
전통의식의 담지자擔持者

○

우리는 숲을 보지 못하고 나무를 볼 때가 많습니다. 사람에 대해
서도 마찬가지입니다. 단편적인 사실 몇 가지만 가지고 그 사람
의 일생을 단순화, 혹은 정형화시켜 버립니다. 홍암(弘巖) 나철(羅
喆) 대종사님에 대해서도 마찬가지입니다.

대종사님께서는 종교인이기 이전에, 독립운동의 태산이었고
해외독립운동의 본령(本領)이었습니다. 그렇지만 대부분은 대종
교의 초대 교주 정도로만 생각하고 있습니다. 독립운동가로 알고
있지만 어떤 활동을 했는지는 자세히 알지 못하고 있습니다. 대
종사님의 족적을 살펴보면 그 위대함에 저절로 찬탄과 존경심을
금치 못하게 됩니다.

나치 독일의 선전장관이자 대중 선동의 천재였던 요제프 괴벨
스(Joseph Goebbels)는 이렇게 말했습니다.

"우리가 어떤 나라에 쳐들어가면 그 나라 국민은 자동적으로 세 부류로 나뉜다. 한쪽에는 저항세력(Resistance), 다른 쪽에는 협력세력(Collaborator)들이 있고 그 사이에 머뭇거리는 대중(Masses)이 있다. 그 나라 국민들로 하여금 자신들의 온갖 부가 약탈되는 것을 참고 견디게 하려면 머뭇거리는 대중을 레지스탕스 무리에 가담하지 않고 콜라보들 편에 서도록 설득해야 한다."

일본이 침략하자 조선에서도 똑같은 현상이 나타났습니다. 한쪽에는 독립운동가들, 반대쪽엔 친일민족반역자들이 있었고, 그 사이에 대다수 민중들이 있었습니다. 일본은 민중들이 친일파들 편에 서도록 치밀한 작전을 벌였다. 그 핵심이 바로 '식민지 근대화론'이었습니다.

"일본이 낡은 조선을 발전시킨다."

일제의 역사왜곡에 맞서 대종교인들은 역사로 저항했습니다. 단재 신채호, 백암 박은식, 위당 정인보 선생 등은 배달민족으로서의 역사의식을 함양시키고 다수의 역사서를 발간하여 민족정신을 고취시켰습니다. 일제가 우리말과 글을 없애려 하자 대종교인들은 한글운동으로 저항했습니다. 한힌샘 주시경, 백연 김두봉, 고루 이극로, 외솔 최현배, 가람 이병기 선생 등이 목숨을 걸고 한글운동을 하였고 우리의 말과 글을 지켜낼 수 있었습니다. 영화로도 나온 '말모이 운동'과 '조선어학회'가 바로 그것입니다, 그러나 이로 인하여 조선어학회 사건이 발생하고 대종교는 임오

교변(壬午敎變, 1942년 11월 만주에서 일본 경찰이 대종교를 탄압하기 위하여 사건을 날조하고, 교주 이하 간부 모두를 검거하여 박해한 사건)을 맞아 말 그대로 쑥대밭이 되고 말았습니다. '배달민족', '한글', '국학', '개천절'이라는 용어가 대종교로부터 나왔다는 것을 아는 이는 별로 없을 것입니다.

대종교는 교단 자체를 독립운동의 제단에 바쳤습니다. 자신이 태어난 땅과 자기 민족을 지키고 싶었던 한국의 독립군들이 단군사상으로 무장하였기 때문에 그 처절한 독립운동을 전개할 수 있었고, 그 독립운동의 총본산이 바로 대종교였습니다. 그들은 새로운 나라를 세우겠다는 꿈을 꾸며 필사적으로 싸웠습니다. 일본은 만주 일대의 독립군을 초토화시키겠다고 대규모 병력을 출병시켰습니다. 그러자 홍범도와 김좌진은 부대를 이끌고 청산리 일대에 집결했습니다. 죽음을 각오한 삼천여 명의 독립군들(그들 대부분은 대종교도였습니다)은 3만 5천 명의 일본군에 맞서 6일간의 대격전을 벌였습니다. 이 전투에서 독립군은 일본군을 완벽하게 박살내는 기적을 만들어 냈습니다. 바로 제가 과분하게도 현재 청년 회장으로 있는 대종교 청년회가 바로 청산리대첩을 승리로 이끈 북로군정서의 지도자와 군사들이었습니다.

친일파에 대한 이야기를 나누다 보면 어설픈 중립이나 양시양비론으로 사건의 본질을 흐리는 분들도 많습니다. 확고한 주장을 제외하고 중립을 지키는 흉내를 내며 문제의식을 제기하는 사람들의 말들을 요약하면, '친일파에게도 공과가 있으니 그걸 잘 따져야지 무조건 나쁘다고 하면 안 된다. 그리고 가슴에 손을 얹고 생각해 보자. 우리가 그 시대에 살았어도 친일파가 안 되었다고 자신 있게 말할 수 있는가. 내 조상 모두가 친일이 아니라고 자신 있게 말할 수 있는가?' 입니다.

독보적인 친일문제 연구가였던 (고) 임종국 선생의 부친이자 천도교 지도자를 역임했던 임문호도 친일을 했습니다. 그 부친의 친구들, 그의 은사조차도 친일파였습니다.

그런데 이 모든 사실을 철저하게 고증하여 기록으로 남긴 사람도 바로 임종국 선생입니다.

선생은 문학계의 대선배들, 그리고 가장 가까운 사람들에게도 예외 없이 엄격한 잣대를 들이댔습니다. 그것이 이 나라를 위한 길이며 그런 철저한 자기반성 없이는 앞으로 나아갈 수 없다고 확신했기 때문입니다. 이처럼 친일파의 후손이라면 더욱 철저한 자기반성으로 앞으로 나아가는 모습을 보여주어야 합니다. 그렇다면 누가 그들을 비난할 수 있겠습니까? 임종국 선생이 독보적인 친일문제연구가로 존경 받는 것처럼 말입니다.

공과를 따져야 한다고도 하는데 맞는 말입니다. 그런데 세상에는 어떤 공으로도 덮을 수 없는 '과'가 있습니다. 그것이 바로 민족을 배신한 '과'라고 생각합니다.

제1차 세계대전의 프랑스 영웅이자 육군 원수까지 지낸 필리프 페탱(Henry Philippe Petain)은 제1차 세계대전 때, 베르됭 공방전을 지휘하면서 필사적인 참호전으로 프랑스를 지켜냈습니다. 그 전투로 페탱은 프랑스의 국민적인 영웅으로 떠올랐고 1차 대전 후, 육군 원수(5성 장군)로 승진하여 프랑스의 국부로 불리게 됩니다. 당시 프랑스에서 가장 존경 받는 위대한 사람이었던 것입니다. 그 뒤 주요 요직을 두루 거친 그는 제2차 세계대전을 맞이하며 프랑스 대통령의 자리에까지 오르게 됩니다. 하지만 문제는 이 대통령의 자리란 것이 일본이 만주에 괴뢰국을 세운 것처럼 나치가 프랑스에 세운 괴뢰정권이란 것입니다. 프랑스에서 드골의 항쟁파와 페탱의 휴전파로 나뉘어졌을 때, 페탱은 독일과 휴전을 맺고 나치의 협력 하에 스스로 대통령의 자리에 올랐습니다. 연합국은 대부분 이 정권을 인정하지 않았지만 미국은 유일한 프랑스의 합법적 정권으로 페탱의 비시정권을 인정하는 분위기라 작은 분쟁이 일어나기도 했습니다. 그 후, 연합국이 승리하자 페탱은 이렇게 주장했습니다.

"프랑스를 베르 같은 지옥으로 만들 수 없었다. 나는 프랑스를 최악으로부터 보호했다. 만약 내가 프랑스의 칼이 될 수 없다면 방패라도 되려고 했다."

당시의 시대상황에선 어쩔 수 없는 선택이었으며 어쩔 수 없는 판단이었다는 뜻입니다. 그러나 프랑스 국민들의 생각은 달랐습니다. 어떤 언론도, 어떤 국민도 그를 비호하지 않았습니다. 하지만 공과를 정확히 따져야 한다는 생각은 일치했습니다. 페탱이 제1차 세계 대전 때 프랑스를 구한 공은 그를 총살형에서 종신형으로 만들어 주었습니다. 과거 국가를 구한 그의 공은, 민족을 배신한 죄에 대하여 받아야만 했던 총살형을 종신형으로 만들 정도, 딱 그 정도였습니다. 결국 그는 유형지에서 96세의 나이로 생을 마감했습니다.

프랑스 국민들이 우리 만큼 정이 없고 야박한 사람들이라서 나라를 구한 사람조차 유배지에서 생을 마감하게 하는 걸까요? 모두가 나치 협력자가 안 될 자신이 있기에 그토록 배신자들을 혹독하게 처벌하는 걸까요? 물론 그건 아닐 것입니다. 지금 친일파를 비난하는 사람들 중 몇몇은 똑같은 상황에서 그보다 더한 일을 할 수도 있으며 반대로 독립운동을 할 수도 있습니다. 하지만 우리가 그런 감정을 철저히 배제하고 그들을 비판해야 하는 이유는 그렇게 하지 않으면 국가의 존립 기반 자체가 흔들리기 때문입니다. 그것이 프랑스가 단 한 번이라도 조국을 부정한 이들을 그토록 철저하게 처벌하는 이유입니다. 그러나 우리는 반민특위가 실패하고 제대로 된 친일청산이 이루어지지 않아 오늘에 이르렀습니다. 대종교는 그 여파를 직격으로 맞았고 근래에는 독립운동가이자 대종교의 홍암 나철 대종사님의 존영에 사이비 교주의 얼굴을 합성하여 영화로 제작, 상영되는 사태가 발생하기에 이르렀습니다. 영화 '사바하' 사태가 그것입니다. 너무나 슬프고 참담했습니다. 보도자료를 만들어 보내고 법에도 호소하였지만 우리의 힘이 너무나 미약했습니다, 그럼에도 불구하고, 대종교의 역사에서는 저항의 역사로 남겼습니다,

1910년대에서 1940년대까지의 임시정부-북로군정서-청산리 대첩-흑하사변-임오교변-조선어학회 사건의 맥은 대종교를 떠나서는 생각할 수 없습니다. 대종교는 민족정신과 전통의식의 담지자로서 조선 사람들을 각성시키고, 광복의 의지를 북돋았으며, 끝까지 변절하지 않고 투쟁하였습니다. 그러했던 대종교를, 그 처절했던 항쟁을 기억하는 이들이 별로 없음은 한국사의 너무나도 큰 비극입니다. 이 책을 통해 홍암 나철 대종사님의 정신과 대종교의 항일 독립운동사가 조금이나마 알려지기를 희망합니다. 그리고 김삼웅 선생님, 고맙습니다. 수고하셨습니다.

"기억하지 않거나 기록하지 않으면 역사는 왜곡됩니다."

책이 출간되는데 있어 도움을 주신 한중희 전리님, 박종구 회장님, 김윤명 교수님, 박승춘 회장님, 임선택 회장님, 현의 스님께 감사의 말씀을 드립니다.

대종교 총본사 청년회장
민인홍 읍례

1장

나라 쇠토끼의 출생과 성장

전라도 보성의
한미한 집안에서 태어나

○

모든 생명체에는 생로병사의 주기가 있듯이, 민족·국가도 다르지 않다. 조선왕조는 계몽군주 정조가 1800년에 죽고 나이 어린 순조가 등극하면서부터 나라의 운세가 크게 기울어졌다. 순조 33년, 뒤이은 헌종 14년, 철종 14년에 이르는 60여 년은 하나같이 군왕이 무능한데다 안동 김씨, 풍양 조씨, 여흥 민씨로 이어지는 세도정치로 인해 나라의 중축이 흔들리고, 승계된 고종과 순종 역시 다르지 않았다. 무능한 군주(집권자)는 나라와 백성에게 범죄자에 다름 아니다.

노론벽파가 왕비 세력을 등에 업고 국정을 전횡하면서 나라의 어느 한구석도 성한 데가 없었다. 이틈에 서양제국주의 물결이 한반도에 밀려오고 전국 각지에서 민란이 일어났다.

1863년 12월 2일(음) 전라남도 보성군 벌교읍 금곡마을에서

한 아이가 출생하였다. 나용집(羅龍集)의 둘째 아들로 이름을 두영(斗永)이라 지었다.

철종이 죽고 고종이 즉위하면서 아버지 홍선대원군 이하응이 정권을 장악하였다. 그 무렵 동학을 창도한 최제우가 체포되고, 한 해 전에는 임술민란(1862년 삼남 지역을 중심으로 일어난 농민전쟁)이 일어나는 등 전국이 소연하였다. 정치, 사회적으로 혼란기에 태어난 것이다. 그가 출생하기 4년 전인 1859년 백암 박은식이 태어났다. 두 사람은 뒷날 대종교를 통해 긴밀한 사이가 되었다. 미국에서는 1861년 시작된 남북전쟁이 진행 중이고, 그가 태어나던 해 링컨 대통령이 노예해방을 선언하였다.

나두영은 성장하면서 호는 경전(耕田), 자는 문경(文卿)이라 짓고, 뒷날 인영(寅永) 혹은 인영(仁永)으로도 불렸다. 1909년 대종교를 중광하면서 다시 철(喆)로 개명하고 호를 홍암(弘巖)으로 지었다. 여기서는 편의상 나철(羅喆)로 호칭하기로 한다.

나철의 가계를 살펴보면 12대를 올라가서 호당(湖當) 나창(羅昶)이라는 큰 인물이 있다. 비록 12대나 거슬러 올라간 인물이라 하지만 본받을 선조가 있다는 것은 후손에게 매우 소중한 지침이 된다. 나철의 집은 가난했던 것으로 전한다. 지금 금곡 마을에 가보아도 옛날에 부촌이었다는 생각은 들지 않는다. 그러나 아무리 가난해도 본받을 선조가 있었다는 것은 어린 나철에게 큰 뜻을 갖게 했을 것이다.[1]

1860년대 중반 전라도의 한미한 양반가의 아들에 관한 기록이 남아 있을 리 없다. 그 때문인지 뒷날 사회적으로 비중이 있는 인물들의 경우 전설처럼 구전되는 얘기들이 더러 있다. 나철에게도 아버지 나용집의 태몽의 일화가 전한다. 태몽은 대체로 어머니가 꾸기 마련인데 나철의 경우는 아버지의 꿈이다.

천지는 어두컴컴한데, 마을 앞의 제석산 위에서 나용집 선생의 집 지붕 위로 칠색의 영롱한 무지개가 다리를 놓았다. 얼마 뒤 하늘에서는 풍악소리가 울리더니 하늘이 쩍 갈라지고 그 속에서 눈부신 햇빛이 비쳤다.

그 햇빛 가운데 거룩한 신모(神母)님이 금관에 옥대(玉帶)를 띤 천동(天童)을 안고 제석산으로 내려오셨다. 신모님은 수많은 선녀의 호위를 받으며 무지개를 나는 듯이 걸어서 선생의 집을 향해 오는 것이 아닌가. 이것을 보고 나용집 선생은 어쩔 줄 몰라 하다가 꿈에서 깨어났다.[2]

한 연구가는 나철이 어려서부터 아주 총명했다고 기술하였다. "태몽을 증명이나 하듯 나인영은 신동으로 자랐다. 나인영의 돌날이었다. 아버지가 무릎에 앉히고 머리를 쓰다듬으면서 '하늘 천'이라고 하니까 머리를 뒤로 젖혀 하늘을 가리키고, '따지'라고

1 박성수,『나철』, 30쪽, 북캠프, 2003.
2 앞의 책, 22쪽.

하니까 머리를 아래로 숙여 땅을 가리켰다고 전한다."[3]

나철이 태어나고 성장하는 1860~70년대 조선사회는 대원군이 실권을 장악하면서 개혁정책이 시도되었다. 서원과 향현사 등에 토지와 재산을 보고하도록 명령함으로써 서원 철폐 정책이 시작되고(1864년 4월) 왕권을 강화할 목적으로 세도정치의 근거지였던 비변사를 폐지했다.(1865년 3월) 또 모화사상의 온상이 된 만동묘를 철폐(같은 달)하였다.

7월에 만동묘 철폐에 유생 833명이 반대 상소를 올린데 이어 11월에는 1468명의 유생이 같은 반대 상소를 하여 전국이 소연한 가운데 1866년 병인양요, 남연군묘 도굴사건, 1871년에는 이필제가 이끄는 동학교도들의 경상도 영해부 습격사건과 신미양요가 잇따랐다.

1973년 고종의 친정체제가 이루어지면서 민씨 일족의 세도정치가 시작되고 이듬해 만동묘를 다시 세울 것을 허락하면서 대원군의 개혁정치는 종막을 고하게 되었다. 1875년 운요호 사건, 1876년 강화도조약의 체결로 조선은 일본의 침략 앞에 태풍 속 촛불의 운명이 되고 있었다. 나철은 하수상한 시대에 한미한 집안에서 박복한 운명을 타고 성장한다.

---

3 앞과 같음.

스승 왕석보에게서
개화, 진보교육

○

어려서부터 무척 영민했던 나철은 집에서 아버지로부터 한학을 공부하다가 아홉 살 때 서당에 들어갔다. 그때 만난 스승이 이웃 고을 구례에 살았던 천사(川社) 왕석보(王錫輔, 1816~?) 선생이었다. 사람은 언제 어떤 사람을 만나느냐에 따라 운명이 달라지는 경우가 적지 않다. 아들을 왕석보에게 맡긴 아버지의 혜안도 보통이 아니었던 것 같다.

사회적 변환기에 지적 욕구와 호기심이 많았던 그에게 당시 호남 제일가는 학자 왕석보의 존재는 시골 소년의 운명을 온통 바꿔놓았다. 그는 유학자이면서도 전통적인 보수파 유생이 아니었다.

왕석보가 길러낸 나철이나 해학(海鶴), 이기(李沂, 1848~1909) 그리고 매천 황현(1855~1910) 같은 제자들의 사상을 보면 제법 개화사상에 경도되어 있으나 이것은 자주적인 성향의 개화사상이었다. 왕석보는 다산 정약용의 국학사상을 물려받았고, 당시로서는 이단시했던 양명학에 밝았다고 전한다. 국학을 흔히 실학이라 하나 필자는 정인보의 말대로 국학이라 부르고 싶다.

왕석보가 양명학에 밝았다는 것은 매우 진보적인 사상의 소유자였다는 뜻이다. 그래서 해학 이기와 매천 황현과 같은 애국적이면서 개혁적인 사상가를 배출했던 것이다.[4]

일찍부터 개화된 스승에게서 세상의 흐름과 개화, 진보의 가르침을 받고, 어느 때부터인지는 정확하진 않지만, 역시 왕석보의 제자인 해학 이기와 만나 자주적 개화사상을 배우면서 시골 소년 나철은 의식이 크게 바뀌었다.

소년은 그동안 과거를 보기 위해 전통유학을 공부하는 한편 이기의 집에 소장된 단군 관련 서적을 비롯, 청나라 서적 등 각종 도서를 접하게 되었다. 이기는 나철보다 15세 연상이어서 삼촌뻘이었으나 그는 나철을 무척 아끼고 동지가 되었다. 뒷날 함께 일본으로 건너가서 민간외교를 벌이고 을사오적 척살운동을 전개하기도 하였다.

나철의 생애에 하나의 변곡점이 된 것은 어느 해 형과 함께 서울에 갔다가 구한말 정계의 거물 운양 김윤식(雲養 金允植, 1835~

---

4 앞의 책, 32쪽.

1922)을 만나 그의 식객이 된 일이다. 어떤 경로에서 시골의 무명 청년이 정계의 거물을 만나게 되고, 식객이 된 것인지, 저간의 사정은 알려지지 않는다.

10대 후반이 된 그는 형과 함께 상경하여 서울의 이곳저곳을 돌아보고, 형님만 귀향하고 자신은 서울에 남게 되었다. 하루가 다르게 변전하는 시국에 시골 촌구석에서 살아갈 수 없다는 생각이었을 것이고, 왕석보와 이기 두 스승으로부터 배운 개화의 욕구 때문이었을 터이다.

김윤식은 1874년 문과에 급제하여 황해도 암행어사 등을 거쳐 1880년 순천부사에 임명되었다. 이때에 어떤 인연으로 나철이 김윤식을 만났을 지도 모른다. 김윤식은 친청파로서 중국에서 북양대신 이홍장과 7차에 걸쳐 회담을 하고 그 결과 조미수호통상조약이 체결되었다. 어윤중 등과 흥선대원군 제거 방략을 제의하여 실현시켰는가 하면, 1884년 갑신정변이 발발하자 청나라의 실력자 위안스키에게 구원을 요청, 청국 군대와 함께 창덕궁을 점거하고 있던 일본군을 공격, 패퇴시킴으로써 정변을 종식시켰다. 이후 병조판서를 역임하고 있었다.

나철은 김윤식의 도움으로 과거준비를 하게 되고, 29세인 1891년 문과에 급제하였다. 급제하지 않고서는 관직에 나아갈 수 없는 시대여서 늦은 나이지만 과거에 나선 것이다. 그리고 김윤식의 작용이었는지, 자신의 실력 때문인지 요직에 발탁되었다.

太和元氣之流行於四時　賦

上以律夫天時　鈇堯運而當會　執中庸而爲道　尊養儀而合序
超三子之偏矣　原尼聖之中和　秉元氣於四時　揖五辰之攝於
前嗚鳴於日月　兩儀生以四象　推說論夫三人　地居柳而春和　以一德而合之
築克聚於天地　一太極於中庭　各一時之偏具　風鳴竹而秋清　至于夏而先往
天賦聖而太和　降之魯而多陽　槐銅渾而觀變　親於射而前中　後時市其比時
考其時則可夫　賢於舜而亨亨　輕捏輪於六氣　此諸藥而春調　闢流天芳聲度
承斯門之舉葉　言張淑而觀德　源於天而在人　經緯志而定眾　今王者其必興
蓋春山之氣像　志惟溺而負章　書可武其至大　海世菜而連舟　參咸雜於平治
要盡喜而遵序　工己賢於聖賢　知斯文之不墜　諸機論於道德　顏西賢而美矣
不并宜平著書　才足用於文史　庶百世之長法　視已住於明學　湯武治而可明
東春秋而日曜　遠人葉為壽天　譽基功而運平　持璘題而祥平
明斯道書於此　路宜明於正邪　言己食利義　獅以書天上岐　克勲道而必結　厥康學之祥將

나철 '과거급제문' – 출처 대종교 총전교 박민자(홍암 나철 대종사 종손부)

같은 해 요직인 승정원 가주서(假注書)로 임명되어 고종 임금을 알현하고 사무에 임했다. 가주서란 기거주(起居注)라는 별칭으로도 불리는 벼슬로서, 임금의 모든 움직임을 친히 모시면서 기록하는 사관(史官)이다. 따라서 시골의 한빈(寒貧)한 유생 출신의 나철로서는 출세를 위한 절호의 기회이기도 했다. 그는 고종의 총애를 받으며, 31세(1893년)에 병조사정(兵曹司正)에, 그리고 같은 해 몇 개월 후에는 승정원 부정자(副正字)에 제수되었다.

　그러나 10여 일 근무 뒤에 사직서를 내고 낙향을 한다. 그리고 33세인 1895년에는 징세국장(徵稅局長)에 임명되지만 사양하고 끝내 취임하지 않았다. 개인적 영달의 길을 스스로 포기하고 우국의 험한 길을 택한 것이다.[5]

　보통의 유생이라면 사관(士官)에 이어 오늘에 치면 국세청장의 자리를 헌신짝 버리듯 포기하고 낙향하기란 여간해서 쉽지 않은 결단이었다. 그로부터 10년 뒤인 1905년 단재 신채호가 성균관 박사를 버리고 재야의 길로 매진한 일의, 선행(先行)이었다고 하겠다.

5　김동환, 「2005년 9월, 이달의 문화인물 나철」, 3쪽, 문화관광부.

承政院日記

승정원일기

승정원일기 -나인영-

민족의식 갖고 사회 참여

입산수도하며 단군 연구

○

외세의 힘을 빌어 동학혁명을 진압한 조정은 군국기무처를 중심으로 일본의 간섭 아래 개화파 관료들로 구성된 김홍집 내각이 이른바 갑오개혁을 추진하였다.

과거제 폐지, 신분을 가리지 않는 인재등용, 사법권의 독립, 연좌제 폐지, 은본위제로 화폐 제도 정비, 도량형 통일, 조세의 금납화, 노비 제도의 폐지와 인신 매매 금지, 과부의 재혼 자유, 남녀조혼 금지, 중앙정부 기구와 지방 행정 조직의 정비, 유교 본위의 교육을 대신할 근대적 학교 제도의 실시 등이 추진되었다.

갑오개혁의 내용 중에는 신분 타파와 과부의 재혼처럼 동학혁명군의 요구 사항과 일치하고 있는 부분도 있으니, 동학군의 요구 중 가장 중요한 사항이었던 토지의 분배는 전혀 논의되지 않는 등 봉건 지주를 비롯한 지배층을 중심으로 한 개혁의 한계를 드러냈다.

무엇보다 정부가 청일전쟁에서 일본군의 지원, 방곡령의 금지, 일본 화폐 유통 등 일본의 이권을 보장하는 조치를 취하는 한편, 일본군과 함께 동학혁명군 진압에 나섰으며, 일본인 고문관과 군사 교관을 초빙하여 일본의 내정간섭을 더욱 쉽게 만들어 주었다. 이 시기 단발령 강행과 을미사변으로 국민들로부터 많은 반감을 산 친일내각이 아관파천으로 무너짐으로써 갑오개혁도 중단되고 말았다.

갑오경장으로도 불리는 갑오개혁은 현상적으로는 근대적 개혁인 듯하지만 속사정은 일본의 조선침탈의 분수령이었다. 일본인들이 명성황후를 죽인 을미사변이 일어나고, 이를 계기로 을미의병, 서재필의 〈독립신문〉 발행, 독립협회와 만민공동회, 대한제국으로 국호변경, 열강의 이권침탈, 보부상의 황국협회조직 등 조선사회는 아래로부터 개혁의 욕구에도 점차 나락으로 빠져들었다.

이 시기에 나철의 행적은 크게 드러나지 않는다. 입산수도를 한 때문이다.

전라남도 보성군 금곡 마을로 돌아온 나인영은 그 후 1904년 (갑진)까지 10년간 야인 생활을 계속하였는데, 이때 제석산을 오르내리면서 입산수도를 하였다.

　　　　　　　　　　　　　2장 민족의식 갖고 사회 참여

이미 이때부터 도사로서의 소양을 닦아가고 있었던 것이다. 나인영은 지목과 왕석보 선생에게 익힌 풍수지리서를 함께 들고 지리산을 비롯한 여러 명산을 순례하였다. 이때 식량은 반드시 생미(生米)였다고 하며, 사방에 '하늘 천(天)' 자를 붙여 놓고 산중 수도를 했다. 그러던 어느 날 깊은 산중에서 절벽을 만나 진퇴유 곡에 빠졌을 때 난데없이 백발노인이 나타나더니 지팡이를 내밀 면서 "꽉 잡으라"고 했다.

나인영이 얼떨결에 지팡이를 잡자 절벽을 휙 날아 건너편 산 등성이에 내려놓았다. 백발노인은 "이런 것쯤은 스스로 뛰어넘 을 도력(道力)을 길러야 하느니라"라는 말을 남기고 어디론가 사 라졌다.[1]

특정 종교를 창도하거나 전승한 인물들에게는 초인적인 신비 체험과 이적, 기적 그리고 영성이 따른다. 과학으로 무장한 현대 인들에게는 받아들이기 쉽지 않은 대목이다. 그런데 기독교나 불 교 등 규모가 큰 기성종교는 그것을 신앙이나 불성으로 수용하 면서 민족종교의 경우는 미신으로 치부한다. 동학을 창도한 최제 우와 대종교를 중광한 나철이 이에 속한다. 심지어 단군에 관해 서 '신화'로 날조한 일제의 식민사관이 아직까지 이어지고 있다.

---

1 박성수, 앞의 책, 26~27쪽.

나철이 언제부터 단군에 관심을 갖고 연구한 것인지는 분명하지 않다. '단군'에 관해서는 '역사적 실체로서의 단군'과 고려시대 이래 민족 개국 시조로 전승되어 왔다. 안정복은 『동사강목』에서 "동방에 처음 임금이 없더니 신인(神人)이 태백산 박달나무 아래로 내려오거늘 나라 사람들이 임금으로 세우니, 이분이 곧 단군이라"고 하였다.

단군에 관한 인식과 전승은 민족이 국난에 처하였을 때이면 특히 강하게 나타났다. 13세기 고려가 몽골군의 침략으로 어려움에 시달릴 때 보각국사 일연이 편찬한 『삼국유사』와 이승휴의 『제왕운기』에 단군이 등장한다. 또 한말에 국권이 침탈되면서 다시 단군이 부각되었다. 정치적, 문화적, 사회적으로 민족의 동질성을 회복하여 국난에 대처하려는 의도였다.

박은식이 『동명왕실기』, 『발해 태조실기』, 신채호가 『성웅 이순신』, 『을지문덕』, 『동국거걸 최도통전』 등 영웅전기를 쓴 것도 같은 맥락이다. 출세의 길을 버리고 낙향한 이후 순교할 때까지 나철의 생애는 모두 단군과 연결된다. 『삼국유사』는 「고기(古記)」를 인용하여 단군을 다음과 같이 기술한다.

「고기」에 이르되 옛날에 환인(桓因)의 서자 환웅이 있어 항상 천하에 뜻을 두고 인세(人世)를 탐내어 구하거늘, 아버지가 아들의 뜻을 알고 삼위태백(三危太伯)을 내려다보매 가히 홍익인간 할 만한지라, 이에 천부인 3개를 주어 가서 세상(사람)을 다스리게 하였다. 웅(雄)이 무리 3천을 이끌고 태백산 꼭대기 신단수 밑에 내려와 여기를 신시(神市)라 이르니 이가 환웅천왕이라고 하는 분이다. 풍백·우사·운사(風伯·雨師·雲師)를 거느리고, 주곡·주명·주병·주형·주선악(主穀·主命·主病·主形·主善惡) 등 무릇 인간 360여 가지 일을 주(主)하여 인세에 있으면서 다스리고 교화하였다.

그때에 곰과 호랑이가 같은 굴에서 살며 항상 신웅(神雄)에게 빌되, 원컨대 화하여 사람이 되어지이다 하거늘, 이때 신웅이 신령스러운 쑥 한타래와 마늘 20개를 주고 이르기를, 너희들이 이것을 먹고 백일 동안 일광(日光)을 보지 아니하면 곧 사람이 될 수 있다고 하였다. 곰과 범이 이것을 받아서 먹고 기(忌)하기 21일 만에 곰은 여자의 몸이 되고, 범은 능히 기하지 못하여 사람이 되지 못하였다.

웅녀는 그와 혼인해 주는 이가 없으므로 매번 단수(壇樹) 아래서 주문을 외우며 원하기를 '아기를 잉태해지이다 하였다.' 웅(雄)이 잠깐 변하여 혼인하여 아들을 낳으니 이를 단군왕검이라 하였다.[2]

나철이 각지의 명산대찰을 순회하며 입산수도하고 '단군과 만

---

2 『삼국유사』권1, 고조선(왕검조선)조.

나고' 있을 즈음 나라의 사정은 한층 긴박하게 무너져갔다. 1904년 2월 일본 함대가 여순항에 있던 러시아 함대를 기습공격하면서 러일전쟁이 발발하고, 그 여세를 몰아 일본군이 서울에 진주하여 '한일의정서'를 체결하였다.

러일전쟁의 기미가 보이자 고종은 대외중립을 선언했으나, 늑대에게 초식을 권한다고 들을 리 없는 헛공사에 불과했다. '한일의정서'는 일본군의 한국 내 전략 요충지 수용과 군사상의 편의 제공을 약속하는 내용이었다. 이 조약을 빌미로 일제는 광대한 토지를 군용지로 수용했으며, 각종 철도부설권도 군용이라는 명목으로 가로채 갔다. 이후 일본은 "대한제국 정부는 일본의 시설 개선에 관한 충고를 용인한다"는 조항을 근거로 한일협약을 강요했다. 한일협약에서는 일본이 추천한 재정·외교 고문의 동의 없이는 재정과 외교상의 일을 처리할 수 없도록 규정했다.

또 외국과 사이의 조약 체결 및 이권 양도, 계약 등도 반드시 일본과 협의토록 했다. 그 결과 대한제국은 재정권과 외교권을 빼앗겼고, 재정·외교 이외의 각 부에도 고문을 두도록 강요당하여, 대한제국의 내정 전반에 일본이 간섭하는 이른바 고문정치가 시작되었다.

2장 민족의식 갖고 사회 참여

일본 편든 미국에
따지러 시도하다

○

나라가 위기에 놓이면 간신배들이 설치고 이에 맞서 우국지사들이 나오게 되는 것은 고금이 다르지 않다. 송병준과 이용구가 친일 매국단체 일진회를 창립하고, 양기탁과 영국인 베델이 〈대한매일신보〉를 창간하였다. 정부는 일본인 메가다 쇼타로를 제정고문에, 친일 외교관인 미국인 스티븐스를 외교고문에 각각 임명하는 등 정부의 재정과 외교의 요직이 외국인(일본)의 손아귀로 넘어갔다.

나철이 더이상 산중에서 머물고 있기에는 나라 사정이 너무 긴박하게 흘러갔다. 이기를 만나 시국을 토론하면서 우선 일본인의 이민을 여권 없이 받아들인다는 정부의 정책에 항의하는 서한을 조종 대신 김가진(金嘉鎭)에게 보내기로 했다. 그가 사회적 문제에 처음으로 이름을 올린 사건이다. 이기가 기안하고 나철과

홍필주, 이건 등이 연명한 「일인의 이민을 논박한 서한」의 요지다.

요즈음 신보(新報)를 보니 일본인들이 이민법을 개정하여 자유로 우리나라에 올 수 있도록 하였다고 합니다. 그 신보의 기사는 대개 와전된 것이 많으므로 모두 믿을 수는 없지만 그 기사를 전혀 불문에 부칠 수는 없는 일입니다.

아! 지금 천하에 국가로 호칭한 나라가 얼마나 되겠습니까? 대소·강약은 비록 같지 않다 하더라도 이미 국가를 호칭하였다면 제각기 자기 땅을 국토로 인정하고 자기 백성을 국민으로 인정하지 않을 수 없을 것입니다.

그러나 불행히 한국과 일본은 가까운 거리에 있어 사람들의 왕래가 다른 나라에 비해 그 수효가 매우 많으므로 우체국도 개설하고 병참도 설치하여 이미 우리 세대에 커다란 누를 끼쳤습니다. 그리고 그들은 광산을 독점하고 어채권(漁採權)을 침탈하여 우리 생활의 이윤을 앗아갔습니다. 그리고 전국 국민이 원망과 노기에 가득하고 있습니다.

아마 2~3년이 지나지 않아서 반드시 간과(干戈. 전쟁)를 서로 겨루게 될 것이니 어찌하면 좋겠습니까? 지금 실기하여 나중에 후회하는 것보다는 일이 확대되기 전에 미리 준비해 두는 것이 좋지 않겠습니까.

2장 민족의식 갖고 사회 참여

지금 정부에서 시행하는 정책은 그럭저럭 간편하게 처리하고 있으나 우리는 아무 일이 없을 것이라는 행복한 생각을 가지고 있어서는 안 될 것입니다. 사람이란 걱정이 있으면 예방책을 마련하여야 합니다. 지금 우리는 국력이 약하고 백성은 가난하여 일본인들이 우리를 두려워하지 않고 있습니다. 그들이 두려워하는 것은 오직 천하의 공법과 한일 양국의 약장입니다.

그렇다면 항구에 파견된 관리들에게 엄한 칙령을 내리어 그 조례를 잘 지키도록 하고 한국에 있는 일본인은 입국한 지 오래되었거나 새로 들어온 사람이거나를 막론하고 그들이 여권을 소지하고 있는지 호구마다 조사를 해야 할 것입니다. 그렇게 하지 않으면 그들은 일본에서 도주한 호구일 것인데 어떻게 해서 이들을 장차 우리 국적에 입적시키려 하고 있습니까?[3]

'포츠머스조약'으로 러일전쟁은 마무리되었지만 이 전쟁의 결과로 대한제국은 사실상 일본의 식민지로 전락하게 되었다. 강제로 체결된 '한일의정서'에서는 일본이 대한제국의 필요한 지역에 군대를 주둔할 수 있도록 하여 일본의 정치적·군사적 간섭의 길을 텄으며, '제1차 한일협약'으로 조선이 외국과의 조약 체결이나 그 밖의 주요 안건은 사전에 일본과 상의할 것을 규정하여

---

3 『해학유서(海鶴遺書)』 5권 「문록(文錄)」.

외교권을 간섭하였다. 일본군의 주둔을 허용하고 외교상의 행위를 일본과 상의토록 한 이 조약으로 대한제국의 국권은 크게 박탈되었다.

포츠머스조약에서 루스벨트 미국 대통령은 러시아의 진출을 막기 위한다는 명분으로 일본의 조선 지배가 적절한 것이라고 인정해주었다. 미국의 필리핀 지배의 대가로 일본의 대한제국에 대한 종주권을 인정해준 것이다. 아시아에 많은 식민지를 갖고 있는 영국 또한 일본의 '대한제국보호조치'를 승인하였다.

나철은 미국으로 가서 루스벨트에게 따지고자 준비를 서둘렀다. 급히 영문명함을 제작하였다.(최초의 영문명함이다) 조선은 1882년(고종19) 미국과 '조미통상조약'을 맺었다. 두 나라가 국교수립과 통상을 목적으로 맺은 조약이다. 구미제국과 맺은 최초의 조약으로 주요 내용에는 "제3국이 한쪽 정부에 부당하게 또는 억압적으로 행동할 때는 다른 한쪽 정부는 원만한 타결을 위해 주선한다"(제1조)고 약조하였다. 그럼에도 미국 정부가 일방적으로 일본 편을 들자 이를 따지고자 한 것이다.

외교권을 장악한 일제가 이를 허용할 리 없었다. 결국 미국행을 중단하고, 침략의 당사자인 일본으로 가기로 동지들과 뜻을 모았다. 1905년 을사늑약이 체결되기 직전이다.

그는 이에 앞서 1904년에는 이기(李沂), 오기호(吳基鎬), 최동

도미하기 전 찍은 사진_
소장자 대종교 총전교 박민자

최초의 영문명함 원본_
대종교 총본사 민인홍 청년회장 제공

나철의 초기 명함_
소장자 대종교 총전교 박민자

대종교 도사교 시절의 명함_
소장자 대종교 총전교 박민자

식(崔東植) 등 호남의 우국지사들과 유신회를 조직하여 국채상환
운동과 애국계몽운동을 벌이고 애국계몽운동 단체 '호남학회'에
참여하면서 민중계몽과 국권회복운동에 나섰다.

국권회복 투쟁에 나서다

일본 건너가 침략 원흉들 질타

○

'포츠머스조약'의 주요한 대목은, 일본이 대한제국에서 정치, 경제, 군사 등에 관한 특수 이권을 가짐을 인정하고, 일본의 필요에 의해 대한제국의 지도, 보호, 감리 등이 행해질 때 일본은 러시아의 간섭을 받지 않는다는 내용이었다.

뿐만 아니다. 뤼순을 포함한 요동반도와 대만, 그리고 사할린의 남쪽 절반에 대한 지배권을 일본이 갖고, 또 만주에서 러일 양국은 동등한 상업상의 권한을 도모할 수 있다는 내용도 포함되었다. 러일전쟁에서 승리한 일본은 국제적으로 지위가 크게 격상되었다. 반면에 동북아시아를 지배하려던 꿈이 좌절된 러시아는 팽창의 방향을 바꾸어 터키와 발칸반도 지역으로 돌리게 되었다.

러일전쟁은 특히 태평양 지역뿐 아니라 유럽의 세력 균형에도 크게 영향을 끼쳤다. 그리고 무엇보다 일본의 대외정책이 국수주의적이고 호전적인 성격을 띠게 되는 결과를 가져왔다. 이로써 일본이 명실상부하게 아시아의 패자로 부상하게 되었다.

대한제국 정부는 외세끼리 이 땅에서 전쟁을 벌이고, 국토가 저들 멋대로 흥정의 대상이 되고 있는데도 강 건너 불구경하듯 처분만 바라고 있다가 일본에게 개문납적(開門納賊)의 주권을 빼앗기게 되었다.

나철은 이기, 오기호 등과 상의하고 여비를 모아 1905년 음력 5월 12일 일본으로 건너갔다. 어떤 방식으로 도일했는지는 명확하지 않다. 당시는 민간 선박의 왕래가 잦았기에 가능했을 것이다. 이때, 나철의 도일은 최초의 외교독립운동으로 기록된다.

이때 선견지명이 있으신 대종사(나철)께서는 무엇보다도 일본으로 하여금 자기들이 스스로 양언(揚言)한 대한제국의 완전독립을 위하여 싸운다는 대러 선전 포고의 구실을 변경하지 못하도록 하여야 대한독립이 완전히 유지되겠다는 생각으로 1905년 6월에 일본으로 건너갔다.[1]

민간인의 신분으로 동지 오기호와 일본에 가서 "동양의 영구한 평화를 위하여 한·일·청 삼국이 상호 친선동맹을 맺고 또 한

---

1 『대종교 중광 60년사』, 8~9쪽, 대종교총본사, 1995.

3장 국권회복 투쟁에 나서다

국에 대하여 선린의 우의로써 부조하라"는 의견서를 일본 정부 각 대신들에게 전달하고, 요로를 역방하면서 일본 정계의 여론을 환기하는 한편 그 반응과 금후의 정세를 밀찰하였다.[2]

나철의 한·일·청 삼국의 친선동맹을 통한 '동양평화론'은 5년 뒤 안중근이 뤼순감옥에서 집필한 동양평화론으로 집대성되었다. 나철과 오기호가 일본에서 민간외교 활동을 벌일 때 일본 정부가 이토 히로부미를 전권대사로 임명하여 조선에 파견, 이른바 신협약(을사늑약)을 체결케 한다는 소식을 언론보도를 통해 알게 되었다.

나철은 외부대신 박제순에게 "목이 잘리더라도 협약에 동의하지 말라"는 전문을 보내는 한편 1905년 10월 「일황에게 올린 글」을 작성, 우편으로 송달하였다. 을사늑약 직전의 일이다.

일황에게 올린 글(원문은 한문)

최근 신문 보도에 의하면, 러일전쟁이 끝나면 한국을 일본의 보호국으로 한다는 소문인데, 이런 엉뚱한 이야기는 절대 일황의 본의가 아닌 줄로 압니다. 왜냐하면 지난 1904년 청일전쟁

---

2 앞의 책, 9쪽.

때 폐하께서는 "조선은 엄연한 독립국인데 청나라가 마치 속
국인 것처럼 한국의 내정을 간섭하므로 일본이 전쟁을 일으킨
다"고 하였습니다.

금번 러일전쟁에 있어서도 한국의 안전과 동양의 평화를 위해
싸운다고 하였습니다. 그래서 모두가 두 전쟁을 정의의 전쟁,
즉 의전(義戰)으로 칭송하고 있습니다.

속담에 '여항의 필부도 거짓말을 않는다'고 하였습니다. 하물
며 한 나라의 군주가 거짓말을 하여서야 되겠습니까. 폐하께서
는 등극하신 지 불과 38년 만에 나라를 부강하게 하여 동양의
패주가 되었습니다. 그것은 오로지 세상에서 믿음을 잃지 않았
기 때문입니다. 엎드려 바라건대 폐하께서는 우리 한국이 독립
할 수 있도록 해주시고, 함께 의지하여 살 수 있도록 하여 주십
시오. 그렇게만 된다면 우리 한국만의 행복이 아니요 또한 귀
국의 행복이며 세상 모두의 다행이라 할 것입니다.[3]

　나철은 1905년 11월, 오기호와 함께 일황에 이어 이토 히로부
미에게도 한국 침략의 야욕을 멈출 것을 요구하는 서한을 보내
었다. 일본 신문에 그가 곧 한국에 특파된다는 소식을 듣고서였
다. 더욱 강경한 내용의 공개서한이다.

───────
3　앞의 책, 23~24쪽

이토 히로부미에게

우리가 듣건대 각하가 특파대사로 한국에 파견된다고 하니 슬
프다! 우리 한국은 망하는 것이다. 대저 우리나라는 불행하게
도 귀국과 가까이 근접해 있고, 더욱 불행한 것은 각하와 만난
것이다. 생각하건대 각하는 겉으로 한국을 유지하겠다는 명분
을 내세우면서도 내심으로는 한국을 집어삼키려는 꾀를 품고
있습니다. 우리를 스스로 멸망케 하고 서서히 일어나서 거두는
것을 명색의 상책으로 삼고 있는 것입니다.[4]

---

4 앞의 책, 26~27쪽.

을사늑약 소식 전해 듣고

○

나철이 도쿄에서 민간외교 활동을 하고 있을 때 일제는 미국과 영국으로부터 대한제국의 '보호국화'의 용인을 받아낸 후 흉계를 계속하여 1905년 11월 17일 밤 '강도적 수법'으로 을사늑약을 맺었다. 사실상 대한제국의 국권박탈인 을사늑변은, 그동안 비교적 온건한 방법으로 국권회복운동을 폈던 나철로 하여금 결사항쟁의 길로 나서게 되는 계기를 만들었다. 을사늑약의 부당성부터 살펴보자.

첫째, 일제는 궁궐을 무장 병력으로 포위하고 무장한 일본 주차군사령관 등 무장 군인이 회의장 안에까지 나타나 공포 분위기에서 대한제국 측 대표에게는 물론 광무황제에게도 협박이 가해졌다. 따라서 대한제국 측의 자유의사가 전혀 반영되지 못하였다. 을사늑약은 조약 체결 과정에서 가해진 상대국 대표에 대한 강제만으로도 법적인 효력을 인정할 수 없는 것이었다.

둘째, 외부대신의 관인을 훔쳐 강제로 찍은 것이다. 이토의 지시로 외부대신의 관인을 훔친 사람은 이토의 통역관으로 문서과장을 지낸 마에마 교우사쿠(前間恭作)라는 자이다. 마에마가 훔친 관인을 외부대신 박제순이 찍지 않고 하야시가 조약문에 직접 날인하였다. 훔쳐낸 관인을 마음대로 날인하였으므로 조약은 체결되지 않았다. '위조된 문서'일 뿐이다.

셋째, 위임 절차가 없었다. 한 나라의 외교권을 넘기는 중대한 조약을 체결하는 데 있어서 광무황제는 외부대신을 조약 체결의 대표로 위임하는 아무런 조처도 취하지 않았다. 따라서 박제순은 황제를 대리하는 대표가 될 수 없었다. 하야시 역시 일왕의 위임장을 받지 않았다. 오히려 이토는 특명전권대사였을 뿐이다. 위임되지 않은 대리인의 권한 행사는 원인무효가 된다.

넷째, 조약 내용의 변경절차상의 이상이다. 당초 일본 정부가 만들어서 가져온 초안(별지의 조약)을 두고 대한제국 정부 대신들과 논의 과정에서 추가된 것을 일본 정부나 대한제국 정부의 최고 책임자가 사전에 전혀 보고 받거나 이를 양해하지 않는 상태에서 현장에서 내용이 바뀌었다. 이것은 조약의 체결에 관한 기본원칙에 위배되는 것이다.

다섯째, 조약에 명칭이 붙지 않았다. 모든 조약은 원칙적으로 조약 내용을 압축하는 명칭이 붙는다. 그러나 이 조약에는 강제로 조인되는 과정에서 이름을 붙이지 못하고 결국 '명칭 없는 조약'이 되고 말았다.

여섯째, 최고통치권자가 비준을 하지 않았다. 광무황제는 수차례에 걸쳐 "나의 의지와는 달리 일본 정부에 강요당하였다"고 조약을 비준하지 않았음을 천명하였다. 오히려 황제는 신뢰하던 미국인 황실 고문 헐버트(Hulbert, H. B.)에게 "짐은 총칼의 위협과 강요 아래 양국 사이에서 체결된 이른바 보호조약이 무효임을 선언한다. 짐은 이에 동의한 적도 없고 금후에도 결코 아니할 것이다. 이 뜻을 미국 정부에 통보하기 바란다"고 비준 거부의사를 분명히 하였다.

황제는 또 알렌(Allen, Horace Newton) 주한 미국 영사에게 밀지를 보내 루스벨트 미국 대통령에게 강요된 조약의 효력 발생을 저지해 줄 것을 요청하였다. 그리고 영국 〈트리뷴〉지 더글라스 스토리(Douglas Story) 기자를 통해 이 조약은 황제가 조인한 적이 없다는 사실을 보도하여 여러 나라에 알리고자 하였다.[5]

을사늑약 체결 소식이 전해지자 〈황성신문〉이 장지연의 「시일야 방성 대곡」을 보도하고, 시종무관장 민영환이 조약에 반대하여 자결하는 등 여론이 비등하고, 각지에서 의병이 봉기하였다. 그러나 아직 을사오적에 대한 증오심을 나타내는 글은 있었지만

---

5   김삼웅, 『을사늑약 1905, 그 끝나지 않은 백년』, 87~88쪽, 시대의 창, 2015.

처단 등 실행의 움직임은 보이지 않았다.

일본을 떠나 1906년 초 귀국한 나철은 을사오적을 처단할 것을 결심하였다. 그리고 오기호와 상의하자, 원칙적으로는 찬성이지만 준비가 없이 서두르는 것보다 한 번 더 일본에 가서 저들의 반성을 촉구한 연후에 결행하자고 하였다. 동지의 제안으로 두 사람은 다시 일본으로 건너갔다.

나인영과 오기호는 1906년 5월과 9월에 두 차례나 바다를 건너가서 일본 정부 요로와 교섭하였는데, 그 중에는 동양평화론자로 알려진 마츠모토(松本雄造)가 들어 있었다. 이어 그의 소개로 유명한 보수 정객 도야마 미쓰루(頭山滿)와 오카모토 류노스께(岡本柳之助), 우치다 료오헤이(內田良平) 등을 차례로 만났다. 그러나 이들 일본 정객들은 모두 일제 침략을 찬성하거나 이에 적극 동조하던 인사들이어서 모두가 시기상조니 무어니 하는 애매한 대답만 늘어놓았다.[6]

강도적 수법으로 대한제국의 국권을 침탈한 일제가 무명의 조선 우국지사들의 호소를 귀담아 들을 리 없었다. 일본의 정객들 역시 같은 통속이었다. 빈 손으로 귀국한 나철은 직접 행동을 서둘렀다.

---

6 박성수, 앞의 책, 86~87쪽.

비밀결사 자신회 조직

○

나철이 귀국했을 즈음 서울에는 이미 조선통감부가 설치되고 이토 히로부미가 초대 통감으로 부임하여 마치 점령군사령관처럼 행세하고 있었다. 각지에서 항일의병이 봉기하고, 최익현, 임병찬을 비롯한 의병지도부가 전북 순창에서 붙잡혀 쓰시마 섬으로 유배되었다.

나철은 을사오적을 처단함으로써 민족정기를 회복하고 그 여력으로 의기 있는 청년들을 모아 국권회복 투쟁을 전개한다는 방침을 세우고 동지 규합에 나섰다. 이기, 오기호, 윤주찬, 김동필, 박대하, 이홍래, 이용택 등 동지들과 비밀결사 자신회(自新會)를 조직하였다. 취지문에서 "스스로 새롭게 하여 남의 노예가 되는 것을 막아내자"고 주창하며 애국계몽과 실력양성을 기치로 내세웠다.

3장 국권회복 투쟁에 나서다

자신회는 실행 목표를 을사오적의 처단으로 설정하고 실행할 용사들을 모으고 총기를 구입하는 등 거사를 서둘렀다. 자신회의 을사오적 처단 의거는 독립운동사에서 최초의 의열투쟁으로 기록된다.

이들은 거사 후 주모자들이 직접 관헌에 자수하여 국민의 대표로 책임을 지기로 하고, 이에 대비하여 오적을 처단하는 이유와 독립의 염원, 애국의 충정을 담아 표현한 자신회 취지서, 참적동맹서(斬敵同盟書), 참간장(斬奸狀) 등을 짓고, 일본정부와 각국 공사관에 보내는 글, 내외 인민에게 포고하는 글 등을 작성하는 등 준비를 갖추었다. 1907년 3월 25일 아침 을사오적을 일거에 처단하기로 결정한 단원들은 아침 8시경부터 오적들이 정부로 나가는 길목에서 대기하였다.

나인영, 오기호는 일부 단원과 함께 광화문 해태석 앞에서 박제순을 기다리고 이홍래는 사동(寺洞) 입구에서 권중현을, 돈의문 밖에서는 이완용을 맡기로 하였다. 그러나 이완용과 박제순에 대한 공격은 기회를 포착하지 못한 채 놓쳐버렸고, 권중현의 경우는 습격하였으나 처단에 성공하지 못하였다.[7]

---

7 이기훈, 「오적암살단」, 『한국독립운동사사전(15)』, 604쪽, 독립기념관, 2004.

을사늑약 후 각종 의열·의병투쟁이 전개되고 순국자도 있었지만, 매국노들을 도살하려는 '오적암살단'을 조직하고 실행에 옮긴 것은 나철이 주도하는 자신회가 처음이었다. 자신회는 「참적동맹서」에서 "이번 거사는 사람이 사람을 죽이는 것이 아니라 하늘이 사람을 죽이는 것이오. 2천만 민족의 원한을 갚을 것이다"라고 거사의 의도를 분명히 하였다.

나철과 그의 동지들은 당초 거사일을 1907년 1월 1일로 잡았다가 지방 거주 장사들의 상경이 늦어지면서 3월 15일 오전 10시로 연기하였다. 그리고 오적 외에 군부대신 이근택을 추가하여 을사육적을 같은 시각에 처단키로 하고 실행 책임자를 선정하였다. 나철은 총괄 지휘를 맡았다.

'을사육적'을 처단하는 우국지사 6명이 책임자로 선정되고 각 3명씩의 결사대원이 배정되어, 총 18명의 결사대가 조직되었다. 6명의 역적과 6명의 인솔 결사대 책임자는 다음과 같다.

박재순(참정대신) 오기호(인솔 결사대)

이지용(내부대신) 김동필(인솔 결사대)

권중현(군부대신) 이홍내(인솔 결사대)

이완용(학부대신) 박대하(인솔 결사대)

이재극(법부대신) 서태운(인솔 결사대)

이근택(전 군부대신) 이용채(인솔 결사대)

3장 국권회복 투쟁에 나서다

1907년 3월 15일 아침에 결사대는 각기 담당한 역적의 집 앞에 숨어 하나 하나 차례로 처단하기로 하였다. 이 날은 육적들이 궁궐에 들어가는 참례일이었다.[8]

---

8 박성수, 앞의 책, 101쪽.

을사육적 처단에는 실패했으나

○

나철은 을사육적의 처단을 준비하면서 문필 능력과 역사의식이 뛰어난 이기로 하여금 「참간장(斬奸狀)」 즉 '간신을 목 베는 글'을 짓게 하고, 자신이 직접 쓴 「참적 동맹서」와 함께 영호남 일대에 배포하여 장사들을 모았다.

간신을 목 베는 글

여러 의사(義士)들이여, 여러 의사들이여! 오늘의 사태는 실로 대한독립을 유지하기 위한 유일한 길이요, 우리 2000만 중생의 생사 문제이다. 여러분, 진실로 자유를 사랑할 수 있는가.

청컨대 결사 의지로 오적을 죽이고 국내의 병폐를 소제하면 우리 및 우리 자손들이 영원히 독립된 천지에서 숨을 쉴 수 있으니 그 성패가 오늘의 거사에 달려 있으며 여러분의 생사 또한 여러분에게 달려 있습니다.

재주 없는 인영(寅永)이 이러한 의무를 주창함에 눈물을 흘리며 피가 스미는 참담한 마음으로 엎드려, 피가 뛰며 지혜와 용기를 갖춘 여러분들의 면전에 이 의(義)를 제출합니다.

여러분! 각자, 각자가 순결한 애국심을 불러일으켜 흉악한 매국적을 빨리 처형하고 우리나라의 독립을 전 세계에 드높이 선포하면, 인영이 비록 18의 지옥에 들어가더라도, 지독한 고통을 당하더라도 기쁘고 즐겁기 한량 없겠습니다.

- 이완용(학부대신)은 러시아, 일본에 붙어서 조약체결의 선두에 섰으니 꼭 죽여야 함.
- 권중현(군부대신)은 이미 조약체결을 인정했고, 농부(農部)의 일국(一局)을 외인에게 양보했으니 꼭 죽여야 함.
- 이하영은 조약체결이 그 손에서 나왔는데도 속으로는 옳다 하고 겉으로는 그르다 하여 백성을 속였으니 꼭 죽여야 함.
- 민영기는 조약체결이 안으로는 옳고 밖으로는 그르다 하여 전국 재정을 모두 외인에게 주어버렸으니 꼭 죽여야 함.
- 이지용(내부대신)은 갑신년의 의정서와 을사년의 신조약이 모두 그 손에서 나왔고, 매관매직하여 나라를 망하게 했으니 꼭 죽여야 함.
- 박제순(참정대신)은 외부대신으로 조약을 맺어 나라를 팔고

또 참정대신으로 정권을 양도했으니 꼭 죽여야 함.

- 이근택(군부대신)은 이미 조약체결을 허락하고 공을 세운다 하여 폐하를 위협하고 백성들에게 독을 뿌렸으니 꼭 죽여야 함.[9]

현대식 병기를 다룰 줄 모르는, 오직 구국일념의 의기만으로 나섰던 결사대원들의 거사는 성공하기 어려웠다. 농사를 짓는 농꾼 장사들의 한계였다. 거사 당일의 실황을 살펴본다.

먼저 참정대신 박제순이 광화문으로 나가는데 오기호가 대원들에게 명령을 내렸다. "사격! 사격!"

그러나 아무리 소리를 질러도 총성이 울리지 않았다. 대원이 겁에 질려 쏘지 못한 것이었다. 그러는 사이에 약삭빠른 박제순이 이상한 낌새를 눈치 채고 집안으로 들어가고 말았다.

다음 차례가 법부대신 이재극이었다. 결사대가 서대문에서 이재극을 기다리고 있었는데, 대원이 한 발도 못 쏘고 놓치고 말았다. 이번에는 연습 부족이었다.

그 다음이 군부대신 권중현이었다. 그를 맡은 결사대는 그가 중저 사동(寺洞)에서 인력거를 타고 가는 것을 보고 성공적으로 총을 발사하였다. 그러나 이것 역시 연습 부족으로 명중하지 못

---

9 김삼웅 편, 『항일 민족선언』, 276쪽, 한겨레, 1994.

했다. 나머지 결사대들도 모두 실패하였는데, 워낙 기일이 촉박하여 대원들의 연습이 부족하였던 것이 실패의 원인이었다.[10]

나철은 처음 이 거사를 시도하면서 '오적 사살'이 아니라 오적의 집에 폭발물을 배달하여 가족 전원을 폭살시킬 계획이었다. 추진 과정에서 두 가지 방안이 병행되었던 것 같다. 황현의『매천야록』이다.

이때 나인영 등은 폭약 두 궤짝을 은밀히 가지고 있었다. 그 궤짝에는 자물쇠가 있어서 그것을 잡아당기면 화약이 폭발하였다. 그들은 그 폭약을 이지용과 박제순 등에게 보내며 "이것은 미국인 모씨가 보낸 선물이다"라고 하였다.

처음 박제순 가족은 이 궤짝을 선물인지 알고 접근하여 열어보려고 하였다. 그러나 박제순은 열지 못하게 하고 날카로운 칼을 그 틈 사이에 넣어 힘을 가하자 폭약 궤짝은 열렸다. 그 가족은 모두 놀랐다.

한편 이지용 집에서도 열지 않고 있다가 박제순의 말을 듣고 서로 놀라며 그 사실을 누설하지 않기로 약속하였다.[11]

---

10 『대종교 중광 60년사』, 13쪽.
11 박성수, 앞의 책, 99~100쪽, 재인용.

10년 유배형,
옥사자와 순국자도

○

왜적에게는 한없이 무력했던 정부가 동족의 우국지사들에게는 가차없이 권력을 휘둘렀다. 관련자들이 체포되고, 많은 사람이 억울하게 잡혀가서 심한 고문을 당한다는 소식을 듣고 나철과 오기호, 김인식 등은 4월 12일 평리원에 자수하였다. 실행에 나섰던 동지들과 무고한 동포들의 희생을 막고 자신들의 정당성을 세상에 알리기 위해서이다.

4월 12일 나인영, 오기호, 김인식은 앞서 준비한 문서를 가지고 평리원(平理院)에 자수하였다. 이들은 이때 제출한 자현장(自現狀)에서 "전번 광무 9년(1905) 11월 17일에 대한제국의 외교권을 거리낌 없이 넘겨주는 소위 조약에 제 마음대로 조인하였으니 이 오적은 우리 황제의 신하가 아닐 뿐 아니라 조종(祖宗)의 적신(賊臣)이오, 천하 만고의 원악(元惡)이다.[20]

이미 일제의 하수인으로 전락한 을사육적은 고종 정부의 실세
가 되어 일제에 충성하는 충견들이었다. 자신들을 제거하려는 지
사들에게 극심한 탄압을 자행하여 지사들 중에 옥사하거나 사형
을 당하는 이들도 있었다.

　　하지만 우국지사들은 갖은 악형에도 뜻을 굽히지 않았다. 한
말 지사들 중에는 이들처럼 매국노 처단에 나섰다가 처절하게
사라진 무명 지사들이 적지 않았다.

　　거사에 참가했다가 체포된 윤충하, 김영채, 이승대는 갖은 악
형으로 정신을 잃고 뼈가 부러져도 기개를 굽히지 않았고, 강원
상은 혀를 깨물고 끝까지 동지의 이름을 대지 않는 등 놀라운 면
모를 보여주었다.

　　나인영은 재판정에서 을사조약이 황제의 윤허도 없었고 참정
대신의 날인 또한 없는 불법적인 것임을 지적하고 을사오적에
대한 처단은 정권과 국권을 마음대로 양여하여 국가권익을 손상
한 것에 대한 처벌임을 주장하였다.

　　이 일로 나인영, 오기호, 김인식, 김동필, 이용태, 이기 등은 모
두 5년 내지 10년의 유배형을 당하였고, 황경오는 옥사하였으며

12　이기훈, 앞의 책.

이종학, 최상오, 박응칠 등은 사형집행으로 순국하였다.[13]

한말 국권침탈기에 나철, 이기 등의 항일투쟁은 어느 의열, 의병투쟁에 못지 않은 우국거사였으나 대부분의 역사책은 단신 정도로 취급하고 있다. 주도자 나철이 독립운동가보다 종교인으로 분류된 까닭일 것이다. 정교의 『대한계년사』이다.

민간외교적 노력에 실패한 나철 또한 을사5조약 체결에 도장을 찍은 매국 대신들에 대한 분노가 치솟았다. 나철은 그들을 처단하기 위해 오기호 등과 자신회(自新會)를 조직하여 적극적 주살(誅殺) 계획을 모의했다. 먼저 박대하, 이홍래, 김동필, 이용채 등과 상의하여 치밀한 계획을 세우고 거사에 필요한 자금을 모금하여 을사오적 처단 거사를 결의한 것이다. 그리고 나철은 을사오적 처단 의거 전날 동지들을 모아 분노의 글로써 격려하며 우국의 기치를 높이 들었다.[14]

---

13 앞과 같음.

14 정교, 『대한계년사』, 조광 편, 변주승 역주, 69쪽, 소명출판사, 2004.

정부전복,
대신 암살 기도사건으로 몰아

○

통감부 설치와 이토 히로부미의 부임으로 고종은 허수아비가 되
었다. 통감부는 휘하에 경무부, 농상공부, 총무부 등을 두어 외
교 사무뿐만 아니라 내정전체를 좌지우지했다. 또 지방 13개 소
의 영사관을 이사청으로 개칭하고 지방 11곳에 지청을 설치했
다. 그리고 일본인 고문관과 보좌관을 중앙 각 부처와 지방관청
에 임명하여 지방통치권을 장악했다.

나철 등의 을사오적(육적) 척살이 좌절되고 정부에서는 통감부
의 지침에 따라 '정부전복 및 대신 암살 기도사건'으로 규정하고
징벌에 나섰다. 「정부전복 및 대신 암살 기도사건 기소장」은 저
간의 사정을 소상히 밝히고 있다. 장문의 기소장을 소개한다.

정부전복 및 대신 암살 기도사건 기소장

현 정부 대신을 암살하고 정부를 전복할 것을 기도한 음모사건에 관하여 이미 수차 보고한 바 있습니다. 사건의 개요는 아래와 같습니다.

1) 나인영, 오기호 2명은 평소 우국지사라 자부하였다. 그가 말하는 바에 의하면 동양의 평화를 보호하고 한국의 독립을 확보하기 위하여서는 반드시 한·일·청 삼국의 정립과 협동이 대외정책이 되어야 한다고 생각하였다.

왕년에 한성 정계에 러시아의 세력이 전성하는 것을 보고 분하게 여기던 중 러일전쟁이 벌어지자 일본이 한국의 독립을 보장하는 것을 전쟁의 목적으로 삼는다 함으로 은연중 일본군이 이기는 것을 바랐다.

그러나 일본이 당초에 약속한 공약을 어길 위험이 있기 때문에 이를 사전에 막기 위하여 명치 38년(1905) 6월 나·오 양인은 서로 제휴하여 일본에 건너가서 동양평화를 위하여 한·일·청 삼국이 동맹을 맺어야 하며 한국에 대하여서는 선린의 교의로서 부조하라는 의견서를 가지고 일본 각 대신을 역방하였다.

그리고 동경에 머물면서 일본의 형세를 탐지하고 있던 중 동년 11월에 이르러 이등(박문) 후작이 특파대사가 되어 도한(渡韓)한 후 일한신협약(을사오조약)이 체결되자 그 협약 내용이 동경 각 신문에 발표된 것을 보고 경악을 금치 못하였다. 드디어 한국의 외교권이 일본에 빼앗기고 기타 이권도 일본에 넘어간다는 사실을 알고 곧 외부대신 박제순에게 급전을 치기를 "목이 잘리는 한이 있더라도 협약에 동의하지 말라"고 경고하였다.

그러나 안타깝게도 군국(君國)을 팔아먹는 협약이 벌써 성립된 뒤의 일이라 더이상 일본에 있을 필요가 없게 되었다.

그 뒤 일본은 스스로 선전포고의 약속을 식언하고 그 행동 역시 한국 독립의 실지에 부응하지 아니하여 삼천리 강토가 일본의 영유가 되어 버릴 우세에 있으므로 이를 구제할 목적으로 일본의 자사들에게 그 정책을 변경시키고자 명치 39년 9월 다시 일본에 도해하여 오카모토, 마츠무라, 우치다 등을 방문하여 자기들이 국가를 생각하는 충정을 호소하였으나 "시기가 아니라" 하여 거절당하여 하등의 소득도 없이 헛되이 귀국하였다.

이 귀로의 우민(憂悶)이 발로되어 마침내 대신 암살을 결심하게 되었다. 국권을 회복하기 위한 계책은 이제 한 가지 밖에 없다. 돌이켜보건대 이 나라 형편이 이 지경이 된 것은 오로지 현 정부 대신들의 탓이라 할 수 있다.

그러므로 우리가 국민을 대신하여 그들을 주살하여 현 정부를 전복하고 새로 정부를 조직하여 독립을 수호할 수밖에 없다. 우리는 이것을 굳게 서약하고 암살의 기도에 고심하면서 때가 오기를 기다렸다. 경상북도 금산군에 박대하라는 사람이 있는데 평소 최익현을 숭배하고 의병을 일으켜 이에 부유한 재산을 모두 바쳐 의병장으로 명성이 높았으나 의병에 실패한 뒤 몰래 경성으로 올라와서 민영환의 부하인 이홍래와 김동필, 이용채 등과 만나 의병 재기를 밀의하였다.

그러던 중, 본년 1월 나인영, 오기호가 자기들과 동지임을 알고 박대하, 김홍래와 같이 나인영, 오기호를 찾아가서 의병 재기를 고하고 협력하여 달라고 요구하였다. 그러나 나인영과 오기호는 무력으로 일본에 항쟁하는 것은 무모한 일이다. 2천만 동포의 혈분은 저들 오적을 도살하는데 있고, 현재의 대신들을 살려두는 것은 결국 한국의 독립을 저해하는 것이라 생각한다. 이것은 일본의 지사들도 그렇게 말하더라 하였다.

즉 현 정부를 전복하고자 하는 이유가 거기에 있다고 설명하였더니 박대하 등도 비로소 대신 암살에 찬동했다.

그러나 나인영과 오기호 도당은 본시 일본정책을 환영하는 것이 아니고 한국의 독립을 타 강국의 옹호를 얻지 않고서는 안 된다는 사실을 알고 있을 뿐만 아니라 전쟁에 이긴 일본의 실력을 아는 고로 함부로 일본에 반항하지 않을 뿐이었다.

이는 음모를 감행한 후 일본 거류지에 방시(榜示)하려던 광고문을 보더라도 알 수 있다. 이처럼 동지를 규합하는데 성공하였으나 거사에는 비용이 필요하여 숙의 끝에 본년 1월 동지 중 김인식을 시켜 이용태에게 그 실정을 고하게 하였다. 당시 이용태는 오랫동안 권세를 잃고 만공(滿空)의 불평과 야심을 품고 있었

　　　　　　　　　　　　　3장 국권회복 투쟁에 나서다

던 때라 분연히 이를 승낙하고 금 1,700원을 제공하였다. 이와 전후하여 정인국, 윤주찬이 음모단에 와서 정은 금300원, 윤은 100원을 제공하였으므로 모두 2,000여 원의 운동비를 얻었다.

본년 2월 13일은 음력 정월 초하루임으로 이 날을 기하여 각 대신이 참례하는 길에서 일거에 결행하기로 정하고 금 1,600원으로 준비 비용에 충당하여 권총 수십 정(30정 이상으로 보임)을 구입하고 나인영이 만든 '동맹서'와 이기가 기초한 '참간장'을 수백 장 인쇄하여 비밀리에 경상·전라도 지방에 가서 암살실행의 임무를 맡을 결사대원을 모집하였다.

그러나 모집 도중에 착오가 생겨서 예정했던 기일에 대지 못하였다. 결사의 장사 수십 명 (창상 출입이 잦아 실제 수를 알 수 없음)을 모집하여 와서 3월 중순 이를 경성 각지의 객사에 분산시켰다. 음모단은 밀의 끝에 3월 25일 오전 10시를 기하여 거사하기로 하였는데 각 대신이 출사하는 길에 일제히 결행하기로 하였다.

각기 아래와 같이 부서를 정하고 각자 권총과 동맹서 및 참간장을 교부 휴대케 하였다.

박 참정대신 오기호 이하 장사 몇 명
이 내부대신 김동필 이하 장사 몇 명
권 군부대신 이홍래 이하 장사 몇 명
이 학부대신 박대하 이하 장사 몇 명

이 법부대신 서태운 이하 장사 몇 명

이근택, 이용채 이하 장사 몇 명

당일에는 아침부터 각자 예정한 장소에 가서 길가에 숨어 있다가 각 대신이 가는 것을 기다리고 있었다.

오전 10시경 참정대신 박제순이 그를 기다리고 있는 광화문 앞에 이르렀을 때 오기호는 장사들에게 "쏘라! 쏘라!"하고 독촉하였으나 장사들이 주저하는 바람에 박 참정이 대문 안으로 들어가 버려 실기하였고, 11시 경 서태운이 인솔한 10여 명의 장사는 서대문 밖에서 이 법부대신의 출사를 기다렸으나 경계가 엄하여 일단도 쏘지 못한 채 통과시키고 말았다.

같은 시각 11시 30분 경 이홍래는 장사들을 인솔하고 중서 사동에서 군부대신 권중현이 가는 것을 요격하였으나 명중시키지 못하고 장사의 한 사람인 강상원이 즉시 일본 순경에 잡혔다.

이로 인하여 사방의 경계가 엄중해졌으므로 용산 별저에서 오던 이 내부대신을 남대문 밖에서 기다리던 김동필을 비롯하여 다른 방면에 배치되었던 장사들은 동시에 부서를 떠나 뿔뿔히 해산하였다.

1. 본 건에 관련되어 체포된 자 무릇 19명 별지의 기재와 같으며 본 죄안은 정부를 전복할 목적으로 대신 암살을 기도한 내란

사건임으로 평리원에 이송하고자 한다.

  2. 이용태는 본 음모가 외에 지폐위조의 죄가 있은바 음모사건 수사 중 이를 발현하였으며 즉 이용태는 명치 35년 김영학이란 자에게 권유받고 일본은행 태환 5원 지폐를 위조할 목적으로 위조용 조각판 한 개를 수령 이를 자택에 은닉 소지한 것을 압수하여 평리원 심리에 회부하고자 한다.[15]

---

15 조선총독부 기밀 서류 기록, 『대종교중광 60년사』 13~20쪽.

대종교 중광에 나서

유배에서 풀려나 기인에게
단군 관련 책 받아

○

을사육적의 척살을 주도했던 나철은 전남 신안군 지도읍에 소재한 외딴섬 지도(智島)에 10년 유배형을 선고 받았다. 그나마 유배형에 그치게 된 것은 나라의 주권을 팔아넘긴 매국적들에 대한 백성들의 증오심이 하늘을 뚫었기 때문이었다. 사형이라도 집행하면 민심이 어떻게 변할지 두려웠을 것이다.

나철과 그의 동지들은 1907년 7월 12일 유배지로 떠났으나 그해 12월 7일 고종 황제의 특사로 석방되었다. 황제의 특사권은 아직 남아 있었던 것이다. 고종은 자신의 뜻과는 달리 간신들이 이토에게 5조약을 넘겨 준 것에 분개하고, 우국지사들의 행동을 평가하면서 특사권을 행사한 것이다.

5개월여의 유배생활을 마치고 서울로 돌아왔을 때 나라의 사정은 더욱 깊은 수렁으로 빠져들고 있었다. 고종은 1907년 6월

헤이그에서 열리는 국제평화회의에 이상설, 이준, 이위종을 특사로 파견했으나 일제와 그 동조국가들의 반대로 회의장에 참석이 불허되었다.

일제는 특사 파견을 빌미삼아 고종의 양위를 강요하고 7월 20일 순종이 즉위하였다. 이에 앞서 이완용 내각이 구성되었고, 이들은 더욱 친일매국 행위에 앞장섰다. 서울 시민 200여 명이 고종의 양위에 반대하여 시위를 벌이고 이완용을 비롯한 친일파의 집에 불을 질렀다.

정미7조약으로 불리는 한일신협약에 이어 신문 사전검열 등을 규정한 신문지법, 항일운동의 탄압을 목적으로 보안법제정 그리고 대한제국의 마지막 버팀목이던 군대해산 조칙이 내려졌다. 7월 31일이다. 이때부터 우리나라 국군의 작전 지휘권이 외국인 손으로 넘어갔다.

대한제국군 대대장 박승환이 군대해산에 반대하여 자결하면서 일부 군인들이 봉기, 일본군과 충돌하여 몇 십 명이 사망했으나 주력 부대는 시외로 빠져 이후 의병에 참가하였다.

나철은 여러 날 생각 끝에 오기호의 제안으로 다시 일본으로 가서 외교 담판을 벌이기로 했다. 1908년 11월 두 사람은 일본으로 건너갔다. 네 번째의 도일이다. 내외 정세로 보아 부질없는 일이겠지만, 마지막으로 일본인들의 양심을 믿어보기로 하였다.

도쿄의 강호지구(江戸芝區) 청광관(淸光館)이라는 여관에 머물렀다. 1908년 12월 5일(음 11월 12일) 아침, 한 노인이 옆방에서 나와 나철에게 말했다.

"나의 이름은 두일백(杜一白)이요, 호는 미도(彌島)라 하는데, 나이는 69세요. 앞서 당신이 서울에서 만난 백전도사(伯佺道士)와는 동문인데, 다른 32명의 도사들과 함께 백봉신사(白峯神師)에게 사사하고 있소.

그런데 지난 갑진년 10월 초삼일 백두산 회합에서 일심계(一心戒)를 같이 받고 단군교 포명서를 발행하였으니 당신의 금후 사명은 이 포명서를 널리 홍보하는 일이요."

단군교 포명서_ 소장자 대종교 총전교 박민자

그는 아주 일방적으로 명령하듯 말하더니 자리를 떠났다. 노인이 나간 자리에 보니 『단군교포명서(檀君敎布明書)』라는 책과 『고본신가집(古本神歌集)』, 『입교절차서(入敎節次書)』 등 여러 책이 놓여 있었다.[1]

인용문 중에 "앞서 당신이 서울에서 만난 백전도사"라는 대목은 설명이 필요하다. 나철이 1차 방일에서 돌아와 서울역에 도착했을 때(1906년 초) 갑자기 백발노인이 나타나 "그대가 나인영이 아닌가" 하고 묻고는, 자기의 본명은 백전(伯佺), 호는 두암(頭岩), 나이 90세로 "당신을 만나고자 하는 것은 백두산에 계신 우리 선생님 백봉신형(白峯神兄)의 명을 받아 이것을 전하러 왔다"면서 보자기 하나를 쥐어주고 홀연히 사라졌다.

보자기를 풀어보니 두 권의 책, 『삼일신고(三一神誥)』와 『신사기(神事記)』였다. 난생 처음 보는 책이었다.[2]

나철은 3년 만에 다시 일본에 나타난 신비한 인물로부터 이상한 책을 받고 밤을 세워 읽었다. 그리고 의문에 쌓였다. 서울역과 도쿄 여관에 나타난 노인이 백봉신형에게 사사한다고 했는데 그렇다면 백봉신형(白峯神兄)은 누구일까. "백두산에서 10년간 하늘에 기도 끝에 한배님의 부름을 받으시고 돌상자 속에서 『삼일신

1 『대종교 중광 60년사』, 77~78쪽.
2 앞과 같음.

4장 대종교 중광에 나서

고』를 얻으신 경위와 이것과 함께 지성의 서원으로 이루어진 신화의 은총"[3]이라는 해석이다.

나철은 크게 깨달음을 얻었다. 그리고 새로운 길을 모색하였다. "국운의 회복은 어느 애국 정객 몇 사람의 힘으로 되는 것이 아니다. 전 민족이 거족적으로 일치 단결하여 생명의 근본인 단군 대황조를 지성으로 숭봉하고, 그 교화의 대은(大恩) 아래 신화(神化)의 대력(大力)을 얻어야 가능한 일이다."[4] 이로써 대종교가 중광되는 계기가 되었다.

---

3 앞의 책, 104쪽.
4 앞의 책, 106쪽.

항일구국의 방략 민족종교로

○

나철이 일본에서 "이미 나라는 망하였다. 그러나 비록 나라는 망하였으나 이 민족만은 살아서 진실한 민족의식을 되찾고 민족의 중흥과 국가의 재건에 원동력으로 삼을 수 있을 것이다"라는 신념으로 구국 항일투쟁의 새로운 방안을 갖고 귀국했을 즈음, 동학의 제3대 교주 의암 손병희도 망명지 일본에서(1906년) 동학을 천도교로 개칭하면서 귀국하여 본격적인 항일전을 준비하였다. 을사늑약 후 일제의 침략이 본격화되는 시기에 양대 민족종교가 새롭게 발돋움하게 되는 의미가 각별하다 할 것이다.

나철이 서울역과 일본에서 만났다는 도사(노인)의 실체는 분명치 않다. 환상 또는 환각일 지도 모른다. 그런데 그때 받았다는 서책의 존재는 남아 있다.

현대과학으로 무장한 사람들에게는 이와 같은 득도과정이나

종교체험은 쉽게 수용되기 어려운, 초현실적인 화두에 속한다. 신들림이나 강신(降神), 신체험 등의 과정은 예수와 마호메트의 경우도 별반 다르지 않았다. 예수와 마호메트는 신체험과 계시체험을 통해서 기독교와 이슬람을 각각 창도하였다. '신(神)체험'이란 "신과 대화를 한다"는 뜻이 담긴다.

세계적인 종교의 창도과정은 초월자 즉 신의 영역으로 종교화 또는 신비화하면서 우리의 경우는 미신이나 신화로 치부하는 경향이 없지 않다. 그래서 단군은 신화 또는 전설에 속하고 이후 민족종교의 창도자들에게도 유사한 경우로 이어진다.

예수나 마호메트도 주문과 기도로써 신도들의 병을 고치고 죽은 사람을 살리기도 하였다. 정신신경과 의사는 종교체험과 관련해, 다음과 같이 분석한다.

종교체험은 객관적인 사실이 아니다. 어디까지나 심리적인 사실이다. 그것은 환각일 수도 있고 비현실적인 감정의 변화일 수도 있다. 그러나 이 비현실적 환각이나 감정을 통해서 한 개인의 갈등이 상징적으로 해소되고 또 상징적 암시를 통해 인류에 공헌할 수 있는 새 존재가 된다는 사실에 종교체험의 진의가 있는 것이다.[5]

모세(B.C. 1500)는 40세에 모래바람이 일어나는 광야에서 하느님을 발견하고, 천둥소리 속에서 그의 목소리를 들었다 하고, 조로아스터(B.C. 650)는 30세 되던 해 사발란산 동굴에서 명상 중에 하느님을 보았다고 한다. 석가모니 불타(B.C. 650)는 35세에 보리수 나무 밑에서 진리를 발견하고, 예수(B.C.4~A.D. 28)는 30세 무렵 황야와 사막을 헤메이면서 하느님의 계시를 받아 '산상설교'를 통해 진리를 설파하고, 마호메트(570~632)는 15년 동안 사막을 떠돌며 장사를 하고, 잠시 쉬기 위해 산꼭대기에 올라갔다가 수평선 너머로 불타는 글씨가 새겨진 커다란 양피지가 펼쳐지는 것을 보았다. 그리고 하늘에서 "마호메트, 너는 하느님의 사자이다"라는 소리를 듣고 깨달음을 얻었다고 한다. 조지 폭스(1624~1691)는 구두 수선공으로 일하다가 진리를 찾고자 습기찬 들판과 짚더미 밑에서 수년을 지내며 고독한 명상 끝에 하느님의 부름을 받아 퀘이커교를 창설하였다.

---

5 김광일, 「최수운의 종교체험」, 『최수운 연구』한국사상 12, 74쪽, 한국사상연구회, 1974.

단군교를 중광하고

나라는 망했으나
정신은 존재한다

○

일제의 국권침탈에 대응하는 방략 중에는 크게 두 가지가 제시된다. 하나는 위정척사사상에 준거한 의병활동이고, 다음은 개화사상에 바탕한 애국계몽운동이다. 그런데 놓친 부문이 있다. 종교활동으로 민족의 구심력을 확보하고 원심력을 확대하여 국권을 회복한다는 민족종교운동이다. 나철의 대종교 중광과 손병희의 동학, 천도교 개칭이 그것이다.

나철이 일본에서 귀국할 때 그의 가슴 속에는 '국수망이도가존(國雖亡而道可存)' 즉 "나라는 비록 망했으나 정신은 가히 존재한다"는 신심(信心)이 불타고 있었다. 나라가 망했다는 절망감 속에서 도존(道存) 즉 단군사상을 계승하여 광복의 희망을 찾겠다는 역사 인식이 새롭게 정립되었다.

1909년 1월 15일 밤 12시, 서울 북부 재동 소재 취운정 아래 있는 작은 집$^{1)}$(재동 8통 10호의 여섯 칸짜리 작은 한옥)에서 나철을 중심으로 이기, 오기호, 유근, 김인식, 정훈모, 김춘식, 최전, 김윤식 등 수 십 명이 모였다. 하나같이 나철과 오랜 인연이 있는 동지, 선배이거나 항일투쟁 과정에서 뜻을 함께한 인사들이다. 이 자리에 당대의 걸물 김윤식이 참석했다는 것은 이채롭다. 북쪽 벽에는 단군 왕조의 신위를 모시고, 나철은 하늘에 제를 올리는 제천대례(祭天大禮)에 이어 「단군교 포명서(檀君敎佈明書)」를 공표하였다.

나철은 이날을 계기로 나인영에서 외자 이름의 '밝을 철(喆)'로 바꾸었다. 밝은 마음으로 한밝(단군)을 모시고 조국을 재건하는데 헌신하겠다는 뜻이었다. 이후 단군교(대종교) 관련 주요 인사들도 과거의 이름을 외자로 개명하는데 동참하였다. 김교헌(金敎獻)은 김헌(金獻), 신규식(申圭植)은 신정(申檉). 조완구(趙琬九)는 조랑(趙亮), 조성환(曺成煥)은 조욱(曺煜)으로 바꾸었다.

한민족 전체의 힘으로 일제의 침략을 막기 위해서는 어디까지나 국조 단군을 구심점으로 새로운 민족종교를 창도하여 거족적으로 자위투쟁을 하지 않으면 안 되겠다는 점에서 나철 등이 계획한 것이 바로 1909년 단군교(뒤에 대종교)의 중광인 것이다. 나

---

1 현 조계종 안국선원이 있는 자리로 대종교 중광터 표지판이 설치되어 있다.

5장 단군교를 중광하고

철은 단군교가 단군조선으로부터 계승되어 부여에서는 대천교
(代天敎)로, 신라에서는 숭천교(崇天敎)로, 고구려에서는 경천교(敬
天敎)로, 발해에서는 진종교(眞宗敎)로, 고려에서는 왕검교(王儉敎)
로 내려오다가 몽고의 침략으로 고려 원종(元宗) 때 단절되었다
고 보고 이를 다시 중광한 것이다.[2]

  나철은 종교를 새로 창도한 것이 아니라 단군교를 중광(重光)
하였다. '중광'이란 '다시 일으킨다'는 의미다. 동학의 최제우나
증산교의 강일순처럼 새로운 종교를 창교한 것이 아니라 "창교
가 아닌 중광을 선택함으로써 단군신앙의 원형인 전래 신교의
계승의식을 분명히 천명했다."[3]

  단군교의 '중광'은 어떤 의미가 있는가.
  실로 고려 원종시대, 몽고의 침입에서부터 700년간 폐쇄되었
던 신교의 교문이 재개되어, 한말의 어둡고 암울한 가운데 일말
의 서광이 민족의 전도를 밝게 비춰주게 된 것이다. 이 날이 한국
민족의 새로운 역사를 중광하는 엄숙한 길일(吉日)이며 우리 대
교의 중광절(重光節)이다. 중광이란 다른 종교와 같이 새로 창립

2 박영석, 「대종교와 민족독립운동」, 『민족사의 새시각』, 213쪽, 탐구당, 1986.
3 김동환, 「종교계의 민족운동」, 88쪽, 독립기념관, 2008.

한 종교가 아니라, 단군천조 6,000년 전의 옛날로부터 전해져 온 신교가 몽고의 고려 침입 이래 1천 년 가깝게 명맥만을 전해온 진종대도의 빛이 다시 빛나게 되었음을 뜻하는 것이다. 이와 같이 한민족 재생의 깃발이 솟아올랐다.[4]

1909년 1월이면 일제가 '한국 주차 헌병에 관한 건'을 공포, 일본 헌병의 경찰권을 강화하고 병력을 증가시켜 조선의 요시찰 인물들을 감시하던 시점이다. 그렇게 해서 한밤중에 항일 비밀결사체로서 단군교를 중광하였다.

단군교의 교조로 추대된 나철은 문장이 뛰어났으며, 또한 인맥을 갖춘 지도자로, 일제를 구축하려는 불타는 구국운동의 화신이었다. 이에 서울의 명문 인사, 구한말 양반, 항일지사, 열사, 애국 청년들이 서로 다투어 단군교에 입교하였다.[5]

---

4 강수원 편저, 『우리배달겨레와 대종교역사』, 175쪽, 한민족문화사, 1993.
5 박영석, 앞의 책, 213쪽.

5장 단군교를 중광하고

단군교 중광의 이유 밝혀

○

나철은 민족의 국조(國祖) 신앙으로 단군교를 중광하면서 「단군교 포명서」를 반포하였다. 다소 긴 내용이지만 단군교(대종교)와 나철을 이해하기 위해서는 필수적인 문건이다.

단군교 포명서

　오늘은 대황조 단군성신의 4237회 개극입도(開極立道)의 경절(慶節)입니다. 우리들 13인은 태백산(백두산) 대숭전(大崇殿)에서 본교 대종사 백봉 신형을 배알하고 단군교의 심오한 교의와 역사를 계승하여 우리 모든 동포 형제자매에게 삼가 고합니다. 영원한 복리가 한 몸, 한 집, 한 나라에 고루 미치기를 바라마지 않습니다.

　대황조 단군의 가르침은 고구려 시조 동명성왕을 거쳐 을지문덕, 광개토대왕에 이르렀고 신라와 백제 또한 고구려와 같았으나 우연히 석가의 교(불교)가 유입되더니 백제가 감염되어 먼저 망하고 고구려 또한 남북으로 불법(불교)의 침입을 받아 쇠멸하였습니다.

이에 그 나라의 신하 대조영이 분개하여 경전(經典)을 들고 말갈 땅에 도피하여 발해국 300년의 터를 닦았습니다.

신라는 김춘추 왕과 김유신 시대에 태백산 이름을 영남으로 옮겨 본교의 중흥을 꾀하였으나 얼마 못 가서 불설(불교)과 유론(유교)이 성행하여 나라가 쇠망하였습니다. 고려 태조왕건은 단군교를 독신(篤信)하여 나라 이름을 단군교의 종국인 고구려를 본 따서 고려라 하였고 묘향산에 영단을 세우고 강동 대박산(大朴山)에 선침(단군릉)을 중수하였습니다. 그러나 그 후손들이 단군교를 전폐하고 불법을 좋아하니 몽골의 침략을 받아 생민이 도탄에 빠지고 말았습니다.

우리 조선 태조(이성계)께서는 태백산 남쪽에서 발상하여 대황조 단군의 사전을 준행하시고 단군교를 위하여 불교를 엄히 배척하였으나 유교가 점차 성행하고 단군교가 쇠퇴하니 유식자는 모두 걱정하였습니다. 남효온이 그 좋은 예입니다.

또 세조께서는 친히 강화도 마니산에 오르시어 제천하여 보본(報本)하였습니다. 그러나 역대의 유학자들은 단군의 가르침을 전혀 연구하지 아니하여 공자, 정주 위에 단군이 계시다는 것을 몰랐습니다.

그러니 이 나라를 세우신 성조(聖祖)를 숭배하지 않고, 자신을 낳고 기르신 성신(聖神)을 존경하지 않고, 자기 집을 지켜온 성교(聖敎)를 받들어 모시지 않은 것입니다. 그들은 남의 조상, 남의 귀신, 남의 종교를 받들어 모셨으니 어찌 이렇게 상식에 맞지 않는 일이 있을 수 있겠습니까.

대황조 단군께서는 이러한 후손을 보고 일시에 재앙을 내리시지 않으시고 덕음(德音)을 내리시지 않는 것으로 대신하고 있는 것입니다. 이러한 때에 우리 단군교가 등장하였으니 이 얼마나 다행한 일입니까.

돌이켜 보건대 단군의 가르침은 4천 년을 전래한 대교대도인데 알게 모르게 망각의 지경에 이르러 그 이름조차 모르는 사람이 허다하게 되었습니다. 이것이 모두 유불의 유입으로 인한 것입니다. 그러나 바위 밑의 죽순은 반드시 옆으로 비껴나 솟아나는 법입니다. 오늘날 조선이라 함은 단군조 중엽의 배달국을 한자로 사음한 말이요, 배달목이라 함은 단군의 광휘목(光輝木)이란 말이요, 태백산이라 함은 단군산이란 뜻이요, 패강(浿江)이라 함은 단군의 강이란 말입니다.

임검(任檢)이라 함은 임금이란 말에서 나온 것으로 신인(神人)이란 뜻이었습니다. 또 서울(西鬱) 즉 국도란 말은 단군조 말에 천도한 부여국 가운데 한 지명이었습니다.

튼튼한 물건을 단단(檀檀)이라 하고 매우 위태한 것을 탈(脫)이라 한 것도 모두 불교 유입 때에 나온 말로 단단탈탈가가(檀檀脫脫歌家)가 그 한 예입니다. 또 의복에 있어 하얀 영금(領襟)을 다는 습속은 단군을 사랑한다는 태백산 표장(表章)이었고, 아이들이 머리에 맨 단계는 발해국에서 부모들이 단군에게 아이의 출생을 고하고 아이의 무병장수를 비는 글을 오색 헝겊에 써서 아이의 머리에 매고 영계(靈戒)를 받던 풍습이었습니다.

그리고 집집마다 집안에 모신 성조신(成造神) 역시 본시 단군이었던 것인데 모두 잊어버린 것이니 한심합니다. 매년 10월 집집마다 단군을 모실 때 단군상을 걸었는데 그 그림은 신라의 명공 솔거가 그렸다고 고려 시대의 평장사(平章事) 이규보가 우리에게 전한 바 있습니다. 이규보는 "고개 넘어 집집마다 신조상의 절반은 모두 단대 명공이 그린 것이다"고 하였으니 오늘날 마을마다 있는 선령당은 단군의 명을 받아 산을 뚫고 강을 막던 팽오(彭鳴) 그분이었던 것입니다. 농부들이 들에 나가서 점심을 먹을 때 먼저 밥 한 숟갈을 땅에 버리면서 '고수레'라고 소리 지르는 것도 단군의 명을 받아 일하던 고시(高矢)에 대한 제사에서 유래하였습니다.

지금 만주 철령 등지에 왕왕 수풀 속에 고묘(古廟) 유적이 있다고 하는데 그곳 사람들이 말하는 바에 따르면 태고적의 단신제(檀神祭) 유허라고 합니다. 단(壇)은 단(檀)의 잘못인데 이것은 고구려

5장 단군교를 중광하고

때 단군교가 가장 성할 때 단군을 숭배하던 확실한 증거입니다.

또 임진왜란 때 일본 사무라이 사마즈가 우리나라 도공 18개 성씨 가족을 납치하여 일본 가고시마에 정착시켰는데 그 18개 성씨들이 본국에서의 고습을 그대로 따라 하기를 단군 성신을 봉승하여 집집마다 제사를 드렸다고 합니다.

단군께서는 우리들 후손에게 악을 행하지 말고 선을 행하라 가르쳤습니다. 그런데 지금 우리는 서로 싸우고 서로 헐뜯고 서로 속이고 서로 죽이고 있으니 이렇게 무수한 죄악들로 우리는 재앙을 자초하고 있는 것입니다.

우리들 단군의 자손된 형제자매들아! 형은 동생을 권하고 누이도 동생을 권하여 만억 인까지 동심동덕하여 형의 경사가 동생의 기쁨이 되고 언니의 불행이 동생의 슬픔이 되게 합시다.

지혜하신 단군께서는 일인이 선행하면 중인이 권선하였다 하여 고루 그 복을 하사하였습니다. 그러므로 나의 선이 나의 복이요, 남의 악을 보면 수수방관하지 말 것입니다. 곧 그것은 나의 악이요, 나의 벌이기 때문입니다.

일신에 일사(一事)가 착하면 그 몸이 편안하고, 일사가 악하면 그 몸이 위태롭습니다. 한 집안에 한 사람이 착하면 그 집은 보전되지만, 한 사람이 악하면 그 집이 망하게 됩니다. 한 나라에 일세가 착하면 그 나라가 흥하지만, 일세가 악하면 그 나라가 망하는 법입니다.

옛날에 우리는 단군의 한 골육이요, 한 집안 사람이었습니다. 4천여 년 만에 단군교가 부활하였으니 바로 오늘입니다. 천만 형제자매의 화복이 오늘에 달려 있습니다. 오호! 우리 형제자매들이여.[6]

---

6 박성수, 앞의 책, 267~271쪽, 재인용.

5장 단군교를 중광하고

병탄 속에서도
교인 6천 명 증가

○

상하이에 대한민국 임시정부의 기틀을 만든 분 중의 하나인 신규식은 뒷날 나철의 순교 소식을 듣고 만장(輓章)에서 "전조 500년간 무쌍의 국사(國士)요, 대종교 4천 년 후에 제일의 종사(宗師)로다"라고 추모하였다. '국사'란 나라에서 가장 뛰어난 인물을 이르는 말이다. '만장'의 전문은 뒤에서 다시 살피기로 하고 여기서는 앞 대목을 소개한다.

아! 나라가 병듦이여
세상의 도가 어이하여 무너지는가
아득도다 교화가 퇴폐함이여
백성들 기운이 한갓 시들기만 하도다
천제께서 천사를 세상에 내려보냄이여

대종교가 이에서 부활하였도다.[7]

    나철은 불우한 시대에 태어나서 이미 간난신고를 겪었지만 그
럴수록 더욱 발분하였다. 무엇보다 '정신의 부활'이 육체의 기운
을 북돋아주었다. 하지만 나라 사정은 더욱 절망의 수렁으로 굴
러갈 뿐 반전의 기회는 나타나지 않았다. 일제는 1909년 2월 남
한 의병 대학살 작전을 펴서 의병의 씨를 말렸다. 안중근이 하얼
빈에서 이토 히로부미를 처단했지만, 일제는 반성은커녕 더욱 사
나운 발톱으로 대한제국의 심장을 물어뜯었다. 황궁인 창경궁을
동물원과 식물원으로 만들어 일반에 공개하는 만용도 서슴지 않
았다.

    1910년 8월 29일 일제는 마침내 마각을 드러내 대한제국을
무력으로 병탄, 식민지로 전락시켰다. 그리고 포악한 군인 출신
데라우치 마사다케를 초대 총독으로 보내 세계역사상 유례가 없
는 무단통치를 자행했다. 나철과 단군교는 설 땅을 찾기가 쉽지
않았다. 대한제국을 강탈한 일제는 8월 30일 한국을 상징하는 대
한(大韓)·황국(皇國)·황성(皇城) 등의 문자를 모두 제거하거나 사
용하지 못하도록 하였다.

    당시 국내에서 발행하던 신문·잡지 가운데 반일, 민족적 색채

---

7 『예관 신규식전집(제1권)』, 263쪽, 예관 신규식전집편찬위원회, 2019.

를 가진 것은 대부분 발행을 금지하거나 신문의 제호 중 한국의 국권을 상징하는 명칭은 고치도록 하였다. 실제로 경무총감부에서는 '대한(大韓)'이라는 제호의 서적은 모두 압수하도록 하였고, 일본인이 발행하던 〈경성일보〉, 〈매일신보〉, 〈서울프레스 영문판〉 등의 신문과 「조선공론(朝鮮公論)」, 「조선급만주(朝鮮及滿洲)」 등의 잡지만을 허가하였다.

당시 폐간된 한글판 신문들은 약간의 폐간료를 받고 강제로 매수되거나 발행이 금지되었다. 〈대한매일신보〉는 〈매일신보〉로 개제되어 조선총독부의 기관지로 전락하고 말았다. 기관지는 식민통치를 새로운 '개혁시대'로 묘사하는 등 선전·홍보에 전력을 기울였다. 〈황성신문〉은 〈한성신문(漢城新聞)〉으로 개제되었다가 9월 14일에 결국 폐간되었다. 또 〈대한민보(大韓民報)〉는 〈민보(民報)〉로, 〈대한신문(大韓新聞)〉은 〈한양신문(漢陽新聞)〉으로 개제되었다가 9월 1일 매수, 폐간되기에 이르렀다. 〈제국신문〉, 〈국민신문〉도 매수, 폐간되는 비운을 맞았다. 〈공립신보〉, 〈경향신문〉, 〈합성신문록〉 등은 발행을 금지시켰다.[8]

이와 같은 상황에서 한민족의 상징을 띄는 단군교의 활동이 어떠했는지는 긴 설명이 필요하지 않을 것 같다. 그런 속에서도 "대종교가 성립된 지 얼마 되지 않아 지식인들을 중심으로 교인

---

8 권태웅, 『1910년대 국내 독립운동』, 22~23쪽, 독립기념관, 2008.

수는 6천여 명으로 증가했다. 또한 대종교가 일제의 식민지배 속에서 민족의 정체성을 고수하며 일제식민정책에 반하게 되자, 일제는 대종교의 포교활동에 감시와 탄압을 본격적으로 가하였다."[9]

을사늑약을 전후하여 네 차례나 일본으로 건너가 한국침략의 흉계를 질타했던 나철이 조선총독부의 감시와 탄압에 대종교 포교활동을 멈출 인물이 아니었다. 1910년 10월에 조선 동포가 많이 사는 북간도에 대종교의 북간도지사를 설치하고, 같은 해 11월에는 교우 박찬익을 통해 청산리에 시교소(施教所)를 두었다. 여차하면 대종교 본사를 해외로 이주하려는 계획이었던 것 같다.

---

9 김동환, 앞의 책, 89쪽.

대종교 모태삼아
민족정신 중흥코자

○

나철은 1910년 8월 5일(음력) 단군교를 전래의 교명인 대종교(大倧敎)로 개칭하였다. "대종(大倧)의 대(大)는 그 뜻이 '한'이오, 종(倧)은 '검' 또는 '신인종' 곧 대종(大倧)은 '단군'이란 이름 이전으로 거슬로 올라가서 개천(開天) 입도(入道)의 조화(造化), 교화(敎化), 치화(治化)의 세검 한몸이신 한배검으로 높여 부르는 까닭이다."[10]

　일제의 칼날을 피하고자 교명에서 '단군' 대신에 같은 의미인 '대종'을 붙인 것이다.

　왜 1년도 안 되어 교명을 바꾸었을까? 교명의 변경이란 중대사인데, 어떻게 해서 과감하게 이름을 바꾸게 되었는가에 대해서

10　강수원, 앞의 책, 191쪽.

는 이설이 분분하다.

그러나 장차 다가올 일제의 탄압을 피하여야 한다는 나철의 정세 판단 때문이었다고 보는 설이 옳을 것이다.

교명을 단군교에서 대종교로 바꾼 것은 나철이 일제의 탄압을 예견하고 단군이라는 두 글자를 표면에 내세우지 않기로 결심하였기 때문이다. 단군교라고 할 때 이 종교가 단군 국조만 앞세워 민족의식을 고취하는 애국단체로 오인 당할 우려가 있었다. 그래서 천신교를 의미하는 대종교로 교명을 바꾸었다.[11]

조선총독부는 각종 언론·민족단체들에 이어 종교단체에 대한 감시와 통제를 강화했다. 유교계는 최고기관 경학원의 대표인 대제학을 총독이 직접 임명하여 장악하고, 불교계는 사찰령과 본말사법(本末寺法)을 제정하여 '30본산체제'를 마련, 총독부 직할체제로 편입시켰다. 기독교 등 여타 종교들도 친일로 유인하거나 탄압을 자행하였다.

교명의 교체에는 내부의 진통이 따랐다. '단군교'를 고수하자는 반발이었다. 주도자는 4차 도일 때에 나철과 함께 동행하여 도쿄 여관에서 의문의 노인으로부터 '포명서'를 함께 받았던 정훈모였다.

---

11 박성수, 앞의 책, 130쪽.

5장 단군교를 중광하고

개명은 물론 중앙의 결의를 거쳐서 된 것이지만, 개명 과정에서 교단 분열이라는 안타까운 일이 생겼다. 즉, 동경 개평관에서 나철과 같은 방에서 미도옹으로부터 포명서를 받았던 정훈모가 개명에 이의를 제기하고 단군교를 그대로 고수하기로 고집하였다. 경술 9월에 정훈모는 이유형, 유탁, 서장보 등과 교단 분리를 선언하였다. 그 해 12월 22일에는 본당에 교인 400여 명이 모여 분파를 규탄하는 집회가 있었다. 정훈모의 분파 배경에는 떳떳하지 못한 나변의 이유도 있었던 것이다.[12]

일제의 국권침탈 초기 조선사회는 살얼음판이었다. 많은 민족주의자들이 해외로 망명하고, 남아 있던 사람들은 날조된 '105인 사건'으로 끌려가 극심한 고문을 당하였다. 나철은 어떻게 해서든지 대종교를 부흥시켜 조국광복의 정신적 고갱이로 삼아야 한다는 일념으로 포교에 열과 성을 다하였다. 그의 심중에는 종교뿐만 아니라 국교, 국어, 국사 등 민족정신에 관한 전반적인 문제의식이 자리잡고 있었다.

나철에 의한 대종교의 중광은, 긴 세월 민족적 정체성의 와해 속에서 급기야 한일합방이라는 민족적 수모를 당하게 된 역사적

---

12 김상일, 「대종교 홍암 나철의 생애와 민족애 그리고 통일」, 『민족통신』, 2004.

원인에 대한 냉철한 자성과 함께 그 치유 방안을 제시해 주었다
는 점에서도 의미가 크다. 까닭에 대종교에서는 민족의 흥망과 가
장 깊은 관련이 있는 분야로서 국교(國敎), 국어(國語), 국사(國史)
와 같은 국학(國學)을 중요시했으며 민족 문화에 가장 핵심을 이
루는 이 분야에 대한 인식의 틀을 바꾸는데 전력을 기울였다.[13]

  이는 당시 대종교에 입교하여 활동한 학자들을 통하여 확인
할 수 있는데 국어 분야에는 언문으로 천대받던 우리글에 '한글'
로 명명하고 연구했던 한힌샘 주시경 선생과 그의 제자인 백연
김두봉, 외솔 최현배, 고루 이극로, 가람 이병기 등이 있고 국사
분야에는 단재 신채호, 백암 박은식 선생 등이, 국학 분야에서는
'국학'이라고 최초로 명명한 위당 정인보 선생 등의 활동을 통해
알 수 있다.
  병탄 직후 매천 황현이 자결하고 한때 나철과 그의 동지들이
시도했던, 매국노 이완용을 처단하려다 미수에 그친 이재명이 사
형되고, 한편 조선귀족령에 따라 친일파 76명에게 일본의 작위
가 수여되었다. 젊은 시절 나철을 아껴 돌봐주고 단군교 중광행
사에도 참여했던 김윤식은 총독의 자문기관인 중추원 부의장, 고
문에는 이완용이 임명되었다. 의장은 총독부정무총감이었다.

---

13 김동환, 『2005 이달의 문화인물 9월, 나철』, 8쪽.

대종교와 민족사학
'일란성 쌍둥이'처럼

○

나철의 대종교 활동은 국치 초기에 국권회복운동의 모태가 되고 이와 함께 민족주의 역사학의 뿌리로 작용하였다. 대종교와 민족사학은 비슷한 시기에 상보관계를 유지하면서 작동한다. 그리고 일란성 쌍둥이처럼 발전한다.

대종교는 을사조약 직후부터 준비되어 1909년에 창립(중광)되고, 1910~20년대에 극성기를 맞이하였다. 교리는 단군 이래의 고유종교를 부활시킨 것이라고 표방하고, 또 단군을 중심으로 한 독특한 국사체계를 제시하고 있는 까닭에 역사서술에 미치는 영향이 적지 않았다.

대종교가 창설되는 시기와 민족주의 역사학이 성립하는 시기는 거의 일치하며, 양자는 서로 긴밀한 상관관계를 가지면서 발전해 가고 있었다. 신채호는 대종교가 창설되는 분위기 속에서 많은 민족주의 사론을 발표하다가 1908년에 『독사신론』을 써서 민족주의 역사학의 방법론과 이에 입각한 새로운 고대사 체계를 제시함으로써 종전의 소위 신사체사학(新史體史學)'과 일선을 획하는 근대사학으로서의 민족주의 역사학의 기초를 놓았던 것이다.[14]

이 같은 현상은 본격적인 민족사학 연구의 계기가 되고, 민족사학은 국난기 한민족의 정신적 버팀목 역할을 하였다. 출중한 민족사학자 대부분이 대종교 교도이거나 관련된 인사들이다. 김교헌, 박은식, 신채호, 안확, 안재홍, 정인보, 문일평 등이 이에 속한다.

대종교도들이 쓴 사화(史話)는 그 내용이 반드시 통일되어 있는 것은 아니었지만, 공통점은 대략 다음과 같이 정리될 수 있다.
첫째, 인류문화의 발상지를 백두산 부근에 설정하여 우리나라가 세계문화의 중심지라는 것.
둘째, 부여족뿐만 아니라 여진·몽고·거란 등 소위 동이족 전

---

14 한영우, 「민족사학의 성립과 전개」, 『국사관논총』제3집, 262쪽, 국사편찬위원회, 1989.

체를 '배달족'이라는 하나의 큰 민족 집단으로 간주하여 이를 우리의 조상으로 생각한다는 것이다. 이는 바꿔 말하면 서양의 '범게르만주의'나 '범슬라브주의'와 비슷한 '범동이민족주의(汎東夷民族主義)'라고 부를 수 있다.

셋째로, 우리 민족의 종족적 범위를 위와 같이 확대시킨 결과 자연히 우리 민족의 활동무대는 만주와 한반도는 물론이요, 중국 동북지방까지 포괄되며, 순임금이나 요·금·원·청 등과 같은 북방족의 왕조도 우리 민족의 역사로 간주된다.

넷째로, 우리의 민족문화의 핵심이 되는 종교는 불교나 유교가 아니라, 단군 이래로 내려오던 신교(神敎, 대종교에서는 이를 대종교[大倧敎]라 부른다)이며, 이는 동이족 전체가 공유한 배달족 고유의 민족종교인 것이다.[15]

국치를 전후하여 진보적 지식인 그룹이 대종교에 참여하면서 교세가 크게 확장된 것은, 나철의 '국망도존' 즉 "나라는 망했어도 정신은 존재한다"는 정신과 맥을 같이 한다. '정신'은 멀리 국조(國祖)인 단군에 이어지고 '배달족'이라는 동포의식으로 확산시켜 국권을 회복하자는데 목적이 있었다. '배달'이라는 용어는 대종교의 문건인 '단군교 포명서'에서 '단군교 오대종지 포명서'

---

15 앞의 책, 264쪽.

를 거치며 정립된 대종교적인 용어이다.[16]

이 시기 대종교는 신흥종교의 울타리를 뛰어넘어 민족적 정체성을 찾는 이념적, 역사적 구심체가 되었다. 대종교 계열 민족사학자들의 '범동이주의'는 때마침 일제가 밀어붙이고 있는 이른바 '대동아주의'를 제동하려는 의도가 배어 있었다.

대종교인의 범동이주의는 현실적으로 조선인의 주도하에 만주족(여진족)을 포섭하여 만주 지방을 탈환하고, 그곳에 대조선국을 세우려는 실천 목표를 뒷받침하기 위한 것이었다. 그리고 그것은 당시 일본이 대동아주의(大東亞主義)를 내걸면서 대륙진출을 추구하던 정책과 맞서 만주에 대한 주도권을 장악하려는 의도와도 관련이 있었다.

특히 대종교인들이 1910년 국치 이후로 만주에 본부를 두고 포교활동과 독립운동을 전개하면서 발해사에 비상한 관심을 기울인 것은, 그 옛날 소수의 고구려 유민이 다수의 말갈족을 지배

---

16 〈대한매일신보〉(1910. 5. 11) 기사(記事)에서 "우리민족도 또한 일정한 민족의 이름이 있을지어늘, 이제 내외국인을 물론하고 우리민족의 칭호를 각각 다르게 불러서 혹은 부여족이라 하며 혹은 퉁구스족이라 하고 혹은 일본족이라 하며 혹은 한족이라 하여 열사람이 말하면 열사람이 다 다르게 부르니 슬프다! 이것도 또한 우리국민의 한 가지 수치로다. 그러하면 우리민족의 칭호를 과연 무엇이라 하는 것이 적당할까?"라고 문제를 제기하였다. 대종교에서 배달이라는 용어를 사용하기 전에는 우리 민족을 일컫는 말은 없었다.

5장 단군교를 중광하고

하면서 발해 국가를 운영해 갔던 그 전통의 현대적 계승을 염원한 것이라고 볼 수 있다.[17]

---

17 앞의 책, 265쪽.

대종교에서 제정한
'개천절' 국경일로

○

나철은 국치 직후인 1910년 9월 27일 대종교의 교명(敎命)으로 종단의 '의식 구례'를 제정, 공표하였다. 어느 종교나 다 있는 의식과 행사를 규정하는 내용이다. 그런데 제3장에 개천절에 관한 항목을 명시하면서 "개천절은 강세일(降世日)과 개국일(開國日)이 10월 3일이라 경일(慶日) 합칭함"[18] 이라고 밝혔다.

대종교는 1909년 1월 15일 중광을 선포하면서 개천절을 경축일로 제정하고 해마다 행사를 거행해왔다. 이것을 '의식 구례'로 확정한 것이다. 한민족은 오래 전부터 10월을 상달(上月)이라고 불러 한해 농사를 추수하고 햇곡식으로 제삿상을 차려 감사하고 경건한 마음으로 제천행사를 행하였다. 3일의 '3'의 숫자를 길수

---

18 『대종교중광60년사』, 160쪽.

(吉數)로 여겼다.

고구려의 동맹(東盟), 부여의 영고(迎鼓), 예맥의 무천(舞天)을 비롯하여 마니산의 제천단, 구월산의 삼성사, 평양의 숭령전 등에서 행하여진 제천행사는 국조 단군의 탄신을 축원하는 행사였다.

나철은 대종교의 총본사를 만주로 옮긴 이후에도 이날이면 개천절 행사를 거행하였고, 1919년 상하이에 대한민국 임시정부를 수립한 임정에서는 개천절을 국경일로 제정했으며, 충칭으로 옮긴 임시정부에서도 대종교와 합동으로 이날 경축행사를 거행하였다.

대종교 교인이었던 독립운동가 위당 정인보는 1935년 개천절의 철학적 의미를 다음과 같이 부여했다.

삼위태백을 굽히어 보아 인간에 홍익을 도모할 수 있음을 헤아리시고, 태백산정 신단수 아래에 하강하셨다 하는 환웅천왕의 성스러운 자손이신 단군은 곧 상천(上天)의 부촉(附屬)을 몸받으신 고의(古義)라, 홍익인간이 단군의 심인(心印)인 동시에, 이른바 천부인 삼개(三個)라 함이 환인·환웅·단군 삼위의 일심(一心)이 한 가지, 이에 있음이 인(印) 침 같다 함을 화전(化傳)함이러니, 그 심인(心印)이 있는 곳을 찾으려 할진대 홍익인간이 이것이요, 인간에 홍익을 도모하시니 만큼 두루요, 또 크되 삼위태백으로 그 베푸심에 근본을 삼으시니, 예로부터 전함이 비록 간소할지언정

고정교(古政敎)의 면모를 삼가 계고(稽考)함직하니.[19]

대종교인이었던 위당에 대하여 좀더 이야기해 보면, 위당의 노랫말은 좀 다르다. 그가 한말의 대학자 이건방(李建芳)의 제자로 10대 시절부터 문명을 날렸던 한학자였다는 사실은 그가 쓴 아름답고 전아한 의고체(擬古體)의 한글에 어떠한 영향도 미치지 못한 듯하다. 그가 쓴 노랫말에는 우리 고유어의 단정한 아름다움이 넘친다.

"태극기 곳곳마다 삼천만이 하나로 (…)한강 물 다시 흐르고 백두산 높았다."(3·1절 노래)

"삼천만 한결같이 지킬 언약 이루니 옛길에 새 걸음으로 발맞추리라."(제헌절 노래)

"이날이 사십 년 뜨거운 피 엉긴 자춰니 길이길이 지키세."(광복절 노래)

"오래다 멀다 해도 줄기는 하나 다시 필 단목(檀木) 잎에 삼천 리 곱다."(개천절 노래)

---

19 정인보, 「단군개천과 상월」, 『담원 정인보전집(2)』, 362~363쪽, 연세대출판부, 1983.

5장 단군교를 중광하고

평양 재북인사릉에 있는 위당의 무덤

　위당의 공적은 민족문화의 유산인 고전의 소개와 실학연구에
서 두드러진다. 위당은 이러한 연구를 통해 한문학, 국사학, 국문
학 등 국학 진흥의 바탕을 열었다. '국학'이라는 용어를 처음 쓴
것도 위당이었다.

　위당의 '청렴'한 공직생활은 국학대 학장과 감찰 위원장 재임
기간에 두드러졌다. 그는 학장에게 주어진 승용차도 거부하고 전
차로 출근하였고, 감찰 위원장 시절에도 셋방살이를 면하지 못하

고 자녀들이 학비를 내지 못할 정도로 청빈하게 살았다. 위당은 한국전쟁 중에 북으로 납북되어 11월에 향년 58세로 사망한 것으로 추정된다. 나라 빼앗긴 통한의 세월이 끝나기 무섭게 이 땅을 갈라놓은 이데올로기의 칼바람이 결국, 한 국학자의 삶도 온전히 이루지 못하게 하였던가. 1990년 정부는 위당에게 건국훈장 독립장을 추서하였다.

개천절은 해방 후 대한민국 정부가 수립되면서 10월 3일(양력)을 정식 국경일[20]로 지정하고 그때까지 경축식전에서 부르던 「개천절의 노래」를 정인보가 새로 작사한 내용으로 바꾸었다. 개천절은 원래 음력 10월 3일이므로 해방 이후까지는 그대로 지켜오다가 1949년 문교부가 사계의 전문가들로 위촉한 '개천절 음·양력 환용 심의회'의 심의결과, 음·양력 환산이 불가능하다는 이

---

20 임시정부는 국무회의(1919. 12)와 임시의정원 회의(1920. 3)를 거쳐 국경일을 공식 제정했다. 임시정부가 제정한 국경일은 두 가지였다. 바로 '독립선언일'과 '건국기원절'이다. '독립선언일'은 대한민족이 나라의 '독립'을 선언한 1919년 3월 1일을, '건국기원절'은 대한민족의 시조인 단군이 나라를 처음 '건국'한 기원전 2333년 음력 10월 3일을 기념하는 날이었다. 이것은 '대한민국' 최초로 제정된 2대 국경일이었다. 임시정부가 제정한 2대 국경일은 현재 대한민국 정부(이하 한국 정부)에서도 국경일로 지정돼 있다. '개천절'이 '건국기원절'이고, '3·1절'이 '독립선언일'이다. 그러니 헌법 전문에서와 같이 임시정부의 법통을 계승한 대한민국에서 개천절 정부기념행사에 대통령이 참석하지 않는 것이나 대종교 총본사가 아닌 사단법인 현정회가 주축인 것은 이해하기 힘든 일이며 개천절 정부기념행사에 대통령이 참석하고 그 행사의 주축은 대종교 총본사가 되어야 할 것이다.

5장 단군교를 중광하고

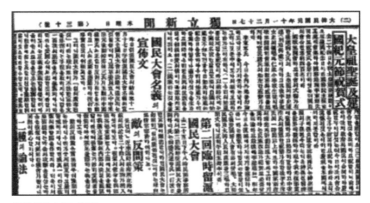

〈독립신문〉 '건국기원절'

유와 무엇보다 '10월 3일'이라는 기록이 소중하다는 의견에 따라 양력 10월 3일로 바꾸어 거행하기에 이르렀다.

개천절가

우리가 물이라면 새암이 있고
우리가 나무라면 뿌리가 있다
이 나라 한아버님은 단군이시니
이 나라 한아버님은 단군이시니.

백두산 높은터에 부자요 부부
성인의 자취따라 하늘이 텄다

이날이 시월상달에 초사흘이니

이날이 시월상달에 초사흘이니.

오래다 멀다해도 줄기는 하나

다시 핀 단목잎에 삼천리 곱다

잘받아 빛내오리다 맹서하노니

잘받아 빛내오리다 맹서하노니.

독립신문 '건국기원절'

임시정부는 1919년부터 1945년까지 해마다 거의 빠짐없이 '건국기원절' 기념식을 거행했다. 임시정부가 가장 활발한 활동을 펼친 상하이 시기(1919~1932)와 충칭 시기(1940~1945)에 기념식도 가장 성대하게 거행됐다.

첫 기념식은 1919년 11월 24일 상하이에서 거행됐다. 이때는 '건국기원절'이 아직 정식 국경일로 제정되기 이전이었다. 그런데도 한국 임시정부의 국무원 주최로 기념식이 성대하게 거행됐다. 임시정부는 주로 오전에 '정부' 차원의 기념식을 거행했고, 오후에는 '교민사회(민간)' 전체가 기념식을 거행할 수 있도록 시간을 안배했다. 교민사회가 주최한 기념식에는 임시정부의 주요 인물들이 빠짐없이 참석했다.

기념식에 참석한 인원은 많을 때는 약 400명 이상이 됐다. 하지만 임시정부가 침체기에 빠지면서 그 숫자는 점점 줄어들었다. 기념식이 거행된 장소는 일정하지 않았다. 다만, 상하이 시기에 는 한인교회로 사용됐던 '삼일당(三一堂)'에서 주로 기념식이 거행됐다. 이외에 이동 시기에는 임시정부가 피난하던 배 위에서 기념식이 거행되기도 했다. 특히 1945년 11월 7일 중국에서 마지막으로 열린 기념식은 상하이와 충칭에서 동시에 거행됐다. 임시정부가 충칭에서 상하이를 거쳐 국내로 완전히 돌아갈 준비를 했기 때문이다.

1924년 11월 9일자 〈동아일보〉 2면에 '上海에 建國紀元節'이라는 제목으로 보도된 다음의 기사를 유념할 필요가 있다

> "① 음력으로 십월 초삼일은 우리의 력사(歷史)에 의지하야, 사천삼백팔십일년 전 이날에 우리의 처음 임금인 단군(檀君)이 이 세상에 나려왔고, 그 뒤 일백이십사년 지금으로부터 사천이백오십칠년 전 이날에 처음으로 단군이 임군이 되야, 배달 (조선) 이라는 나라를 건설한 날이라 한다.
>
> ② 그래서 그 뒤에 단군의 교회인 대종교(大倧敎)를 밧드난 조선에서는 이날을 개텬절(開天節)이라고 뎡하야 긔념하여왓스며,
>
> ③ 그 뒤에 림시정부에서는 이날이 대종교인 종교에서만 긔념할 것이 아니라, 실상인즉 우리민족 전톄가 이날을 긔념하

야, 우리의 나라 력사가 처음으로 비롯한 것을 긔념하지 아
니하면 아니되겟다하야, 이날로써 건국긔원절(建國紀元節)
이라고 특별한 일홈을 정하야, 우리민족 전톄가 이날이 우
리의 경축할 만한 경사로운 날이라는 것을 정하엿다."

즉, 임시정부는 '음력 10월 3일'을 대종교라는 특정 종교 차원
의 기념일이 아니라, 전체 민족과 국가 차원의 기념일로 탈바꿈
했던 것이다.

나철이 1916년 구월산 봉심(奉審) 행사에 갔을 때 동행하고, 상
하이 임시정부 임시 사료 편찬위원회 위원과 제5기 임시정부 의
정원 의원 등을 역임한 한글학자 출신의 독립운동가 김두봉은
1922년 10월 임시정부의 개천절 경축식장에서 개천절에 대한
역사를 피력하였다.

오늘은 단군께서 우리나라를 처음 세우신 건국기념일이라. …
독립을 선언한 지 올해까지 3년 동안 국경일로 지냅니다. 이제로
부터 13년 전에 대종교 곧 단군이 세우신 종교가 부흥하게 됨으
로부터 그 교중(敎中)에서는 이 날을 기념하여 … 단군이 건국하
신 후 단군조는 물론이고 그 뒤를 계승한 역대의 모든 나라들이
다 단군의 건국위업을 기념하기 위하여 월일을 택하여 성대한
의식을 거행한 일이 있었습니다.

5장 단군교를 중광하고

역대로 그 기념의 명칭과 의식과 그 월일의 차이는 불문하나, 단군을 건국시조라 하여 그를 불망함이 건국을 기념함으로 생각함은 역대의 공통된 정신으로 볼 수 있으며 … 교조로 신봉하여 기념함도 사실이었습니다.

명칭으로 말하면 삼한의 천군제라던지 부여의 영고회, 예의 무천회, 기씨(箕氏)의 보본제, 고구려의 동맹회, 신라의 태백산사(太白山祠), 백제의 사중제(四仲祭), 발해의 단계축(壇戒祝), 요(遼)의 군수제(君樹祭), 금(金)의 장백산책(長白山柵), 고려의 삼성사제(三聖祠祭), 조선의 숭령전제(崇靈殿祭) 등이 이명동체의 기념이올시다.

의식으로 말하면 삼한, 부여, 예, 고구려 등 모든 나라에서는 전국의 공동거행으로 삼한은 대표자를 선출하여 국읍(國邑)에 제(祭)하고 그 남아 세 나라는 민중이 회집영축(會集頒祝)하였으며, 기씨(箕氏), 신라, 발해, 요금(遼金), 고려, 조선 등 모든 나라는 국군(國君)이 친제(親祭)하거나 혹 강향대제(降香代祭)하였습니다.[21]

---

21 김두봉, 「개천절 역(歷)」, 〈독립신문〉, 1922년 11월 11일.

중광 이후 교단의례 등 마련

'어아가'와 '5대 종지' 제정

○

나철은 대종교를 중광하면서 국난기에 종단의 발전을 위해서 그리고 일반 교도들의 신앙생활에 지침이 되는 여러 가지 의식 구례와 '입교의절' 등을 제정 공표하고, 대종교의 어아가(於阿歌)인 '신가(信歌)'를 지어 부르도록 하였다. 내용은 단군의 정신을 기리면서도 일제에 꼬투리를 잡히지 않도록 고심하였다.

신가

1) 어아 어아 우리 대황조 높은 은덕
   배달국의 우리들이 백천만 년 잊지 마세
2) 어아 어아 선심은 활 궁(弓)이 되고 악심은 관혁(貫革)이라
   우리 백천만 인 활줄 같은 바른 선심

곧은 살(矢) 같이 일심일세

3) 어아 어아 우리 백천만 안 한 활 장에 무수 관혁 천파(穿破)
하니

열탕 같은 선심 중에 한 점의 눈높이 악심이라

4) 어아 어아 우리 백천만 인 활같이

굳센 마음 배달국의 광채로다

백천만 년 높은 은덕 우리 대황조 우리 대황조.

이것은 대종교의 어아가(於阿歌), 곧 신가인데, 여기에 보면 단
군이라는 말을 빼고 대신 대황조라 부르고 있다. 이것은 탄압을
피하기 위한 것이었다. 또한 착한 마음을 가지라는 권선징악을
강조하고 있다. 이것 또한 같은 전략이다. 애국심을 정면으로 내
세우면 불리하기 때문에 대신 권선징악을 표방한 것이다.[1]

광기에 가득찬 일제 살인마 집단과 여기에 놀아나는 민족배역
자들의 고자질로부터 교인을 모으고 보호하기 위해서는 각고의
노력이 필요했다. '입교의절'을 제정하여 새신도들이 입교할 때
지켜야 하는 의례도 제정하였다.

---

1 박성수, 앞의 책, 136쪽.

6장 중광 이후 교단의례 등 마련

입교의절

1) 신입교자는 남녀를 물론하고 반드시 일일 재계(齋戒)함.
2) 신입교자는 하루 전 밤에 신위를 모시고 분향하고 이전의
   자기 죄를 감추지 말고 참회하여 세심자신(洗心自新)할 것.
3) 신입교자는 반드시 실내 또는 청사 및 다른 깨끗한 곳에 먼
   저 종이로 대황조단군성신지위(大皇祖檀君聖神之位) 아홉 자
   를 써서 북벽에 봉안하여야 함.
4) 신입교자는 자리를 잡고 분향 재배하고 북향하여 엎드리고
   서사(誓辭)를 읽을 것. 전입교자가 신입교자를 물러나게 하
   고 재배하여 서사를 태워 없앤다.
5) 입교자는 입교한 날부터 남녀를 물론하고 서로 형제 자매라
   부른다.[2]

대종교는 이어서 1910년 9월 27일에는 '의식 구례'를 제정 발
표하였다.

---

2 앞의 책, 137쪽, 재인용.

의식 구례

1. 대종교의 종지는 상고신인이며 인의 종이라는 뜻이니 우리 천신 단군이다.

2. 천신강세기원은 태백산 단목 하에 강림하신 갑자년이니 개국기원 4243에 124년을 가산하여야 한다.

3. 개천절은 강세일(降世日)과 개국일(開國日)이 같은 10월 3일이라 이를 합칭한다.

4. 어천절은 어극하신 93년에 다시 천부로 상어(上御)하신 날이다.

5. 천조(天祖)를 경배하는 정당(正堂)은 천궁(天宮)이라 하고 어진을 봉안한 영당은 천진전(天眞殿)이라 한다.

6. 천조께 경배하는 날을 일요일로 정한다.

7. 천조는 삼신일체이니 환인과 환웅과 환검이라 함은 천조 단군일위의 신을 분칭한 것이다.[3]

대종교는 국권이 위태로운 시기에 교도가 급속히 증가하였다. 해방 후 속간된 기관지 『교보(敎報)』(제149호) 1946년 8월 25일자 '환국기념호'에 따르면, 1910년 6월 29일 현재 전국 교도 수는

---

3 『대종교중광 60년사』, 791쪽.

서울이 2,748명이고 지방이 18,791명 함께 21,539명이었다.

국치를 전후하여 국민들은 단군성조를 받들고 국권을 회복하고자 하는 염원으로 대종교의 문을 두드렸다. 나철은 1909년 12월에는 교인들이 준행할 5대 종지(宗旨)를 발표하였다. 5대 종지란, 경봉천신(敬奉天神), 성수영성(誠修靈性), 애합종족(愛合種族), 정구이복(靜求利福), 근무산업(勤務産業)이다.[4]

---

4   경봉천신(敬奉天神): 공경으로 한얼님을 받들 것, 성수영성(誠修靈性): 정성으로 성품을 닦을 것, 애합종족(愛合種族): 사랑으로 겨레를 합할 것, 정구이복(靜求利福): 고요함으로 행복을 구할 것, 근무산업(勤務産業): 부지런함으로 살림에 힘쓸 것.

5   홀기(笏記)는 제례에 대한 여러 절차를 적은 글을 말한다.

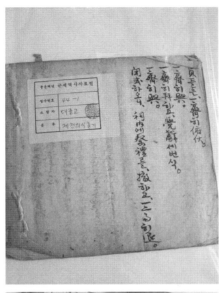

대종교 제천의식 홀기[5]_
소장자 대종교 총전교 박민자

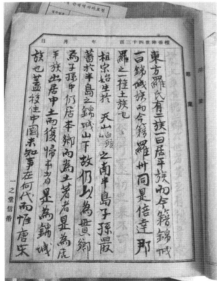

대종교 제천의식 홀기_
소장자 대종교 총전교 박민자

교도가 지켜야 할 17개항

○

대종교에서는 교도를 봉교인(奉敎人)이라 불렀다. 중광 초기에 '봉교과규(奉敎課規)'를 제정하여 교인들이 지켜야 할 과제를 명시하였다. 이 역시 일제의 칼날에서 교도들을 보호하려는데 목적이 있었다.

봉교과규

1) 봉교인은 서로 화목하고 사랑하되 환난을 구제하고 애경을 같이 하여 모두가 형제 자매와 같이 한다.
2) 봉교인이 혼상사(婚喪事)가 있을 때 반드시 가서 함께 하되 주식과 축의금과 부의금은 하지 말 것.
3) 봉교인이 생남 생여하면 반드시 고묘(告廟)하여 이름을 지을

것.

4) 봉교인은 서로 싸우고 소송을 거는 일이 없어야 하며, 의심 스럽고 불편한 일이 있으면 교형에게 청하여 공정한 판결 을 청하고 반드시 승복할 것.

5) 봉교인은 남녀 물론이고 문자를 해득지 못하여서는 안 된 다. 국문을 선습(先習)하되 만일 가난하거나 바쁜 사람이라 면 강요하여서는 안 된다.

6) 봉교인은 황음하고 도박하지 말 것이며, 탐제호색(貪財好色) 하지 말 것이며, 도적질을 하지 말 것이다.

7) 봉교인은 반드시 본분을 지키고 삼가 관헌을 좇을 것이며, 부세와 요역에 충실할 것이다.

8) 봉교인은 가전의 구물(舊物)과 국전(國傳)의 고적(古蹟)을 중 시하고 현행 법제에 구애하지 말 것.

9) 봉교인은 집에서나 나가서 반드시 신구과언(愼口寡言)하며, 고성으로 떠들지 말 것이며, 항상 정숙하여야 한다.

10) 봉교인은 교문(敎門)을 빙자하여 사단을 일으키지 말며, 교 중(敎衆) 빙자하여 세론에 다투지 말 것이다.

11) 봉교인은 교외인(敎外人)이나 역외인을 대하여도 반드시 온공겸화(溫恭謙和)로써 상대하고 결코 경멸하는 일이 없어 야 한다.

12) 봉교인은 본국 고래에 지열(志烈) 영호(英豪)의 신명(神明)을

모두 숭경할 것이요, 비록 타국의 성현 및 교문들도 또한 경대(敬待)할 것이다.

13) 만일 본교를 독신(篤信)하다가 타교에 입교하여 불금할 것이요, 또 타교에서 본교에 입교하는 것도 허가할 것이다.

14) 비록 역외인이라 하더라도 본교에 입교를 원하면 허가할 것이요 같은 교우로 대할 것이나, 15년 미만이면 교리를 선전하거나 교무에 참여할 권리가 없고, 15년 뒤라 하더라도 국적을 옮기지 않으면 본교의 직원으로 선임할 수 없다(단 고구려 및 발해의 구 강역 안의 사람은 이에 준하지 않음).

15) 만일 교문을 능욕하거나 한배검에게 만어(漫語)를 쓰는 자가 있으면 죽음을 무릅쓰고 싸워야 하고, 혹 이로 인하여 죽거나 상처를 입으면 그 절의를 숭배할 것이며 그 처자의 생계를 도울 것이다.

16) 봉교인은 교규(敎規)를 엄수할 것인 바 만일 이를 어기면 당연히 벌을 받을 것이니, 첫째는 권고, 둘째는 경초(警誚), 셋째는 전교, 넷째는 출교할 것이다.

17) 봉교인으로서 수도와 계율 준수에 모범이 되는 자는 마땅히 상을 내릴 것이니, 첫째는 경대(敬待), 둘째는 포상(襃賞), 셋째는 특선(特選), 넷째는 고경각(古經閣) 참무(參務) 이다.[6]

---

6 앞의 책, 138~139쪽, 재인용.

7장

만주에 무장독립운동기지 설치

만주독립운동의 전위 중광단,
그리고 북로군정서

○

총독부는 대종교를 "종교를 가장한 항일 지하독립운동단체"로, 나철을 그 수괴로 인식하였다. 중광 당시 그는 47세로 대종교의 최고 책임자인 사교(司敎)에 추대되었기 때문이다. '사교'란 교(敎)를 맡은 책임자라는 뜻으로 교직(敎職)을 의미한다.

대종교는 1909년 11월 12일 직제[1]를 사교(司敎), 참교(參敎), 찬교(贊敎)의 교직과 시교사(施敎師), 순교원(巡敎員)의 교임을 두는 것으로 설정·공포하였다. 이날 나철은 다시 도사교(都司敎)로 추대되어 명실공히 대종교 초대 중광교조인 제1세 도사교가 된

---

1 이후 대종교의 입교 절차는 봉교 후 3일에 自信式(재계-원도-수도)을 행하고 6개월 후에 영계식(靈戒式)을 올려야 비로소 교인의 자격이 주어진다. 영계를 받은 교인에 한해 다시 試選(구두시험)을 거쳐 참교의 교질이 수여된다., 교질은 참교〈지교〈상교〈정교〈사교의 순으로 오르는데, 지교는 참교된 지 만 2년 이상인 자로서 시선하며, 상교는 지교된 지 만 5년 이상인 자로 교리 천명에 관한 저술 등으로 시선한다.

다. 일제가 두 눈을 부릅뜨고 감시하게 된 소이연이다. 대종교는 기유년에 중광을 선포한 1909년 한 해 동안에만 서울에서 다섯 차례나 본부 교당을 옮겨야 했다. 일제의 탄압과 경제적 어려움이 겹친 때문이다.

나철은 신앙의 자유와 교세의 확장을 위해 만주에 눈을 돌렸다. 1910년 10월 북간도에 대종교 지사를, 같은 해 11월에는 박찬익을 보내 청산리에 시교소를 설치하는 등 만주 진출을 서둘렀다.

특히 1912년에는 나철을 중심으로 박찬익, 박승익, 심근, 현천묵, 백순, 조창용, 기길(나철의 부인) 등이 백두산 북녘 화룡지역을 중심으로 대대적인 활동을 전개하였다. 500여 가구가 한꺼번에 입교하는 일이 있었는가 하면 100여 명이 동시에 입교하는 사례도 있을 정도로 활발하게 포교활동이 이루어졌다. 특정 지역이나 마을 주민 전부가 입교하는 등 교세는 급속하게 확산되었다.[2]

대종교는 이를 기반으로 교도인 서일(徐一)을 단장으로 채오(蔡伍), 계화(桂和), 양현(梁玄) 등이 중심이 되어 무장독립운동 단체 중광단을 조직하였다. 우리나라 중국 동북지역 무장독립운동 단체의 효시가 되었다. 하지만 초기에는 군사인력 및 무기의 부족

---

2 김동환, 「대종교의 민족운동」, 『종교계의 민족운동』, 90쪽.

등으로 본격적인 군사활동을 전개하기 어려웠다. 그래서 우선 교민들을 상대로 민족교육과 대종교 포교 활동에 전념하게 되었다.

중광단의 명칭에서 '중광(重光)'이란 단군교의 부활을 의미하는 것이나 중광단의 건립 목적은 종교활동보다는 대종교인들을 중심으로 한 무장독립운동에 있었다. 그러나 건립 초기 중광단은 군사인재 및 무기의 결핍으로 본격적인 군사활동을 전개할 수 없었다. 이러한 상황에서 중광단은 먼저 대종교 포교와 학교 교육을 통하여 한인들의 민족의식을 제고시켜 반일인재를 양성하고자 하였다.

이에 따라 1911년 6~7월 이정완(李貞完)은 허룽시엔 학성촌(鶴城村)을 거점으로 포교활동을 추진하였으며, 나철은 서일, 계화, 백순, 박찬익 등과 함께 허룽시엔 청파호 등지에서 포교활동을 전개하였다. 그 후 서일은 왕칭시엔, 현천묵과 김병덕 등은 엔지시엔에서 각각 포교활동에 전념하여 대종교의 사회적 기반을 확대하여 갔다.[3]

뒤에 다시 쓰겠지만, 대종교는 1914년 총본사를 백두산 인근의 청파호로 옮기고 북간도 각지에 시교당을 설치하면서 신도가

---

3 김춘선, 「중광단」, 『한국독립운동사사전(6)』, 705쪽, 독립기념관, 2004.

몇 천 명으로 늘어났다.[4] 대종교가 간도 각지에 세운 학교는 단군신앙과 민족교육으로 수많은 독립운동가를 배출하는 모태 역할을 하였다. 북간도 지역의 항일독립운동은 이렇게 육성된 청년들에 의해 전개되었다. 1919년 만주 지역 만세운동, 1920년 청산리 전투를 비롯하여 뒷날 강력한 무장독립운동 단체로 발전한 대한정의단 등은 대종교인들이 중심이었다. 중광단에서 설치한 교육기관은 다음과 같다.

중광단에서 설치한 교육기관 일람표

학교명	위치	설립년도	교직원	교수과목	생도수	비고
동일학교 (東一學校)	하룽시엔(和龍縣) 명신사(明新社) 이도구(二道溝) 왕령하(王岺河) 명신사(明新社) 와룡동(臥龍洞)	1912. 10.11	교장:현천묵(玄天默) 교사: 계화(桂和) 강원보(姜元寶)	중국역사 한문 지리 산술 체조 창가 일본어 중국어	32명	1년 유지비 150엔(円) 각학생으로부터 연금 4엔(円)과 율(栗)5두(斗)

---

4 일제강점기, 만주 등 중국으로 이주한 조선인은 50여 만 명으로 추산된다. 이중 30만 명이 대종교 신자였다. 만약 일제의 종교통제안에 의해 대종교의 국내활동이 금지되지 않았다면 당시 한반도의 인구 2천 만 명 중 대종교인이 얼마나 되었을지는 가히 짐작하기도 어렵다.

학교	위치	설립	교직원	과목	학생	비고
청(천)일학교 (靑(天)一學校)	허룽시엔 삼도구(三道溝) 청파호(靑坡湖) 청산리상사(靑山里上社)	1912. 9. 6	교장:현천묵 교사:김준필(金俊弼) 김박(金泊)	한문 습자 산술 창가 체조	18명	1년 유지비 40엔(円) 각 학생으로부터 년(年) 5엔(円)
명동학교 (明東學校)	왕청시엔(汪淸縣)	1912.	서일(徐一, 설립자)			
용지학교 (湧智學校)	옌지시엔(延吉縣) 대허문(大許門)					
동일학교 (東一學校)	옌지시엔 삼도구 상촌(上村) 용천동(龍泉洞)		교장:박양양(朴陽洋) 교감:최성문(崔成文) 학감:이병환(李秉渙) 교사:최종한(崔鍾漢) 김은찰(金殷察)			
의합천일학교 (義合千一學校)	허룽시엔 평강(平崗) 상리사(上里社) 중청산리(中靑山理)		교사:정하구(鄭河九)		9명	천일학교의 분교
학성소학교 (鶴城小學校)	허룽시엔 학성(鶴城)					
양성학교 (養成學校)	허룽시엔 유전동(楡田洞) 상촌(上村)				31명	
동화의숙 (東華義塾)	허룽시엔 평강(平崗) 상리사(上里社) 토산현(土山峴)			성경 한학	36명	기독교 단군교
동신학교 (東新學校)						
동성학교 (東成學校)			교장:김덕현(金德玄) 교감:한창권(韓昌權) 학감:나용현 교사:김상원(金相元) 야학부(夜學部)교사: 조열(趙烈)		68명	

〈출전〉 박환, 「북로군정서의 성립과 활동」, 「국사관논총」11, 36쪽, 1990.

사람 사는 곳에서 사람이 모이면 어디든 갈등은 일어나기 마련이다. 다 그랬던 건 아니지만 독립투쟁을 하고자 모인 동포사회의 지사들 간에도 갈등은 비일비재했다.

유림의 생각과 신학문을 한 사람의 생각이 달랐고, 종교와 이념을 달리하는 사람끼리도 모이면 흩어졌다. 임시정부도 사실 1940년대에 갈등을 겨우 봉합한 상태에서 비로소 좌우를 망라한 통합을 이뤘다.

대종교 종사 서일은 항일 무장투쟁을 위해 중광단을 설립한다. 명칭에서부터 대종교의 중광을 뜻하는 것으로 대종교도들이 주축이었다. 중광단의 지도부 요원은 대종교인이면서 교육자이다 보니 군대를 경영할 식견이 부족했고 무장시킬 수 있는 재원도 부족했다.

그러던 중 1919년 3월 25일 마침내 유림이 중심이 된 '공교회(孔敎會)'와 연합해 '대한정의단(大韓正義團)'을 발족하게 된다.

대한정의단 자체는 엄밀히 말해 군사단체가 아니었기 때문에 서일은 예하에 '대한군정회'라는 군사단체를 별도로 만들어 김좌진에게 군사문제를 전담케 했다. 군수물자의 지원은 대종교 총본사와 각 본사 교단을 통해 이루어졌다. 김좌진은 명실상부한 군사조직을 만들기 위해 이상룡에게 참모진을 지원해 줄 것을 요청한다. 이때 김좌진의 요청에 의해 온 인원들이 바로 일명 '북로군정서'로 불리는 '대한군정서'의 핵심 요원들이다.

길림군정서와 서로군정서 계통의 요원들 즉, 조성환, 이장녕, 이범석, 김훈 등이 그들이다. 신학문을 익힌 군사 엘리트 그룹이었다. 그러나 무엇보다도 이들은 신민회 계통의 공화주의자들이다. 여기에서 문제가 생겼다. 대한정의단의 한 축을 이루었던 공교회 쪽에서는 공화주의를 견지하는 이들을 받아들일 수 없었다. 조선왕조의 복고를 지상과제로 삼는 공교회 측에서는 어쩌면 당연한 반발이었다. 결국 결별했다. 김성극, 이규, 강수희 등이 탈퇴해 '대한광복단', '대한정의군정사'로 각각 흩어졌다.

임정의 확고한 민주공화주의 표방이나 이상룡 등 대종교인들이지만 공화주의가 대세를 이루고 있는 서로군정서의 경향 등으로 마침내 대한정의단이 민족주의적 공화주의 항일무장단체로 거듭난다. 서일은 대한정의단을 '대한군정부(大韓軍政府, 후에 상해 임정의 요청으로 대한군정서로 개칭함)'로 재발족한다. 이범석도 김훈도 덕원리에 자리잡은 군정서 총재부의 총재 서일에게 큰절로 부임신고를 했다. 조성환도 이장녕도 그곳에서 서일을 만나 훗날을 다짐하고 독립을 꿈꾸었다. 조국광복의 꿈을 꾸는 총본산이었다. 꿈을 이루기 위한 김좌진의 능력, 인품, 처신도 훌륭했겠지만 대종교의 지원이 지대했다.

"밀십(密什)에서 맹서한 것도 변하지 않았고, 화전(樺甸) 입구에서의 약속도 두 달밖에 되지 않았는데, 한번 남북으로 흩어지니 소식이 묘연하더니 뜻밖에 두 젊은이가 편지를 가지고 찾아와 오래된 약속을 버리지 않으시는 의리에 매우 감격하였습니다. 삼가 봄이 한창인데 객지에서 기체가 나라를 위해 만중하신지요. 군정서의 일이 날로 발전하여 실력을 완전히 갖추셨으니, 저로 하여금 망양지탄(亡羊之歎)을 금할 수 없게 합니다. 더구나 좌우께서는 간성지재(干城之才)로 사령관의 직책을 맡고 있으니 범위가 작지 않은데다 널리 계책을 연합하여 결집함에 인력도 있고 실력도 있으시니 무슨 일인들 잘 해내지 못하시겠습니까? 다만 관할하는 지역이 매우 넓어 조석으로 서로 만나 긴밀한 협조를 할 수 없는 것이 한스럽습니다. 저 계원(啓元)1은 이곳에 도착한 후로 마침내 여러 사람의 권유로 만에 하나도 비슷하지 않은 몸으로 감당할 수 없는 직임을 맡아서 세월만 보내고 진전은 조금도 없는 중에 봄기운이 이미 생겨나고 있으니, 자칫 시기를 놓쳐 대사를 그르치게 된다면 한갓 여러분들에게 장애만 될 듯하여 매우 두려울 뿐입니다. 이장녕(李章寧) 군은 이곳에 있으면서 이미 띠고 있는 직명이 있는데다가 긴요한 일로 심양의 집에 머물고 있습니다. 만약 마음을 같이하는 사이가 아니라면 요청하신 뜻을 받들지 못하겠지마는, 다만 귀서와 본서는 하나이면서 둘이고 둘이면서 하나이기 때문에 기관으로 차별해서 달리 보는 일이 있어서는 안 되겠기에 부득이 이미 맡은 직무를 낱낱이 되돌리고 지금 진행 중인 일을 철폐하여 말씀하신 대로 보내오니 좌우께서는 저의 충심을 생각하시어 진실한 마음으로 연대하시고 경계를 두지 말고 일치하여 함께 나아가기를 천만 간절히 바랍니다."

참모로 이장녕을 보내달라고 요청한 김좌진의 서신에 대한 이상룡의 답신이다. 둘은 서른한 살 차이다. 세대를 무색하게 하는 대인들의 면모가 진하게 느껴진다. 그리고 백야 김좌진과 석주 이상룡이 모두 대종교인이어서 가능했다. 대한민국 국군의 모태이자 청산리 대첩의 주역인 북로군정서는 이렇게 시작되었다.

알리고 싶은 독립군 군가가 있다. 대종교인 철기 이범석이 만든 기전사가(祈戰死歌)이다.

기전사가(祈戰死歌)

하늘은 미워한다 배달민족의
자유를 억탈하는 외적 놈들을
삼천리 강산에서 열혈히 끓어
분연히 일어나는 우리 독립군

백두산 찬바람은 불어 거칠고
압록강 얼음 위에 은월이 밝아
고국에서 전해 오는 피비린 냄새
분하고 원통하다 우리 동족들

물어보자 동포들아 내 죄뿐이냐
네 죄도 있으려니 같이 나가자
정의의 총과 칼을 손에다 들고
동족을 구하려면 목숨 바쳐라

겁 많고 창자 썩은 어리석은 놈
자유를 찾겠다는 표적만으로
죽기는 싫어해도 행복만 위해
우리가 죽거든 뒤나 이어라

한배님 저희들은 이후에라도
천만대 자손들의 행복을 위해
맹세코 이 한 목숨 바치겠으니
성결한 전사를 하게 하소서.

세상사(世上事) 모든 것이 살자고 하는 짓으로 이해한다면 싸우다 죽게 해 달라는 기도의 노랫가사 기전사가(祈戰死歌)는 정녕 두렵고 무서운 염(念)이다. 이 노래는 일제에 대한 분노와 독립군의 분기로 출발하고 있다. 그리고 일제의 사슬 속에서 피어린 삶을 사는 동포들의 속박을 원통해 하고 있다. 또한 너와 나를 넘어서 우리라는 공감대를 통해 맺어진 투철한 동지의식의 고무(鼓舞)가 피를 끓게 한다. 특히 4연의, 조국이라는 대아적(大我的) 가치를 외면하고 소아적(小我的) 가치 속에 개인의 영달만을 추구하는 타협주의자, 기회주의자, 이기주의자들 즉 매국노적 삶을 사는 무리들에 대한 준엄한 질책이 매섭다. 그리고 한배님께 죽음을 소망한다. 후손들의 아름다운 행복 외엔 죽음의 조건이 없다. 비장미를 넘어서 성스럽고 순결하기까지 하다. 마치 홍암 대종사의 순명삼조(殉命三條)의 한 구절을 보는 듯하다.

한편 이 노래가 청산리전투를 앞두고 지은 노래란 점에서 낭만을 넘어 숙연함이 앞선다. 청산리전투는 우리 민족으로 보면 독립운동사의 찬연한 금자탑이다. 반면에 일제로 본다면 일본 역사에 있어 기억하기 싫은 굴욕적인 패배로 기록된다. 천여 명의 비정규 한국독립군이 세계 최강을 자랑하던 일본 정규군을 박살낸다는 점에서 그렇다. 이 전투에서 많게는 2,300여 명에서 적게는 900여 명의 일본군 사상자가 나왔다는 것이 이를 증명한다.

대종교 중광의 뜻을 계승하여 출발한 중광단은 대종교인들로 조직된 까닭에 신앙심(信仰心)과 애국심(愛國心)이 일치투합된 단체였다. 그 단체의 후신인 북로군정서도 자연히 그러한 정신적 토대를 계승하게 되는데, 당시 대종교 동도본사(大倧敎 東道本司)가 북로군정서의 본부로 쓰였다는 것도 우연한 것이 아닐 것이다. 대종교의 청년회원들도 모두 북로군정서에 편입되어 청산리 전투에 참전했다. 또한 북로군정서의 총재였던 백포 서일 종사는 수전병행(修戰並行)의 삶으로 일관한 인물로, 단체 구성원들에게 끼친 정신적 영향은 실로 지대했다.

'신리대전' 짓고
단군고적 탐방

○

교단의 기틀을 정비한 나철은 1911년 7월 21일 단군의 고적과 영적을 탐방하고자 길을 떠났다. 먼저 강화도의 마니산 참성단에 참배하고 시 한 수를 남겼다.

제천단에 올라 하늘에 절하니
내 마음에 스미는 한배님의 영접
조상의 자취 어린 드넓은 땅
느리워진 시간 사천 삼백 년
검무리의 밝은 믿음 예로부터 열리어
대종교의 진리 골잘 해로 전하네.[5]

---

5 박한용 편, 『강도지』, 박성수, 앞의 책, 145쪽 재인용.

평양에 들러 단군의 신위를 받들어 제사를 지내는 숭령전에 참배하고, 백두산을 찾고 이어 백두산 기슭의 청파호에 머물면서 교인들과 만나 앞날을 논의하였다. 이때 국내의 포교활동이 제약되면서 머잖아 간도로 본당을 이전하는 문제가 심도 있게 논의되었을 것이다.

오랫동안 그리던 백두산을 찾은 나철은 경건한 자세로 친히 '천신제의(天神祭儀)'를 지냈다.

그때 홍암 대종사가 친히 봉행한 천신제의 「홀기(笏記)」에 "천하에 독립한 가장 큰 산은 유일하게 백두산뿐이다. 백두산은 우리 천조산(天祖山)이며, 천산(天山)이고 상산(上山)이며, 제석산(帝釋山)이고, 삼신산(三神山)이다. 이산의 신령은 즉 한울을 연 대신령 왕검(王儉)이시다. 우리 천신시조(天神始祖)도 이산에서 발생하였으며, 우리 천신교(天神敎)도 이 산에서 발원하였고, 우리들의 천국(天國)도 이 산에 있다. 감히 이 산을 잊을 수 있으리요. 이 산을 잊는다면 즉 단군천조신(檀君天祖神)을 잊어버리는 것이 되리라. 오늘 전부 한 마음으로 정성껏 산을 제사 올리자"라고 하였다.[6]

서·북간도는 국내와 지리적으로 인접하고 우리 교민이 많이 사는데다. 아무래도 국내보다는 일제의 간섭이 심하지 않아 독립

---

6 강수원, 앞의 책, 226쪽.

운동과 포교활동이 수월할 것이란 판단이었다. 나철은 출국에 앞서 이 해 정월 오랫동안 준비해온 『신리대전(神理大全)』을 저술하였다. 대종교의 핵심 경전인 『삼일신고』 중 「신훈(神訓)」편을 해석한 총 4장 216자의 한자로 구성되었다. 대종교의 신관(神觀)을 제시한 내용이다.

제1장에서는 대종교에서 숭배하는 한얼님은 환인(桓因)·환웅(桓雄)·환검(桓儉)이 합쳐진 삼위일체의 존재라고 정의하면서 민족종교 고유의 삼일(三一) 사상을 제시하고 있다.

제2장은 한얼님의 도는 무형(無形), 무언(無言), 무위(無爲)의 특성이지만 모든 것을 낳고(生), 교화시키며(化), 이룬다(成). 따라서 세상 모든 곳에 한얼님의 도가 존재하며 만물이 한얼님의 도를 지니고 있다는 것이다.

제3장은 한얼님의 삼화(조화·교화·치화)의 작용을 담당하는 존재가 삼신(三神) 즉 한인·한웅·한검이고, 인간 세계에서 이러한 역할을 담당하는 존재는 부모, 스승, 임금 즉 삼종(三宗)이므로 삼종을 섬기는 인간적 윤리관을 제시한다.

제4장은 한얼님의 교화로 하나가 셋이 되고, 셋이 하나가 되는 '삼일사상' 또는 '삼원(三元)사상'에 관해 설명한다. 대종교는 바로 이러한 민족고유사상에 근원한다는 해석이다.

『신리대전』은 2대 교주 김교헌이 1923년 1차로 간행하고, 1949년 3대 교주 윤세복이 한글로 풀이하여 『한검바른길』로 재

간행하였다. 나철이 저술하고 뒤에 대종교도인 서일이 주해(註解)를 달아 완성한 『신리대전』은 대종교인들의 필독서 중의 하나로 알려진다.

　나철이 만주로 건너가 청파호 마을에 머물면서 먼저 파견된 박찬익 등 대종교 간부들과 만나 향후 대책을 논의하였을 것이지만, 이와 관련 자료를 찾기 쉽지 않다.

국학의 길을 열고

국문(한글)운동의 선구역할

○

나철은 다양한 분야에서 선각자였다. 그 자신 과거에 급제한 유학자로서 한문을 바탕으로 공부하고 활동한 지식인이었다. 그럼에도 불구하고 대종교를 중광하면서 국문(한글)에 대한 관심이 남달랐다. 종교인, 독립운동가, 국학자로서의 정삼각변을 이룰 수 있을 만큼, 국학(국문·국어·국사)에 연구와 조예가 깊었다.

대종교인들이 지켜야 할 '봉교과규'의 다섯 번째 항목에서 "봉교인은 남녀 불문하고 문자를 해득하지 못하여서는 안 된다. 국문을 선습(先習)하되 만일 가난하거나 바쁜 사람이라면 강요하여서는 안 된다"고 제시하였다.

여기서 '국문을 선습하되'란 한글을 먼저 깨우치라는 뜻이다. 비록 단서가 붙긴했지만, 국치를 전후한 암담한 시기에 '국문선습'의 과제 역시 "나라는 망했어도 정신은 존재한다"는 '국망도존'의 일환이었다. 이 시기 그는 몇 편의 대종교 관련 노랫말을 한글로 지었다. 차례로 살펴본다.

한풍류(天樂)

한울길 열으사 열 달 사흘
한배님 나리사 세 검 한 몸
거룩한 큰 빛은 두루 쪼여 곧잘 해
저 한울 나라여 넓고 넓어

땅누리 열으사 세 즘 때
저자에 모이 듯 아홉 겨레
우뚝한 큰 터는 홀로 서서 곧잘 해
저 한울 메이여 높고 높아

사람글 열으사 세한참결
석트고 일마쳐 네 큰 고동
끝없는 큰 샘은 늘히 흘러 곧잘 해
저 한울 물이여 깊고 깊어.

삼신가(三神歌)

어아 어아 우리 한배님은
한울 내어 만들어됨 차지하사
세 온 예순 여섯 고에
온갖 몬이 자랐도다

어아 어아 우리 한배검은
한울 열어 가르쳐됨 차지하사
세 온 예순 여섯 말에
온갖 결이 밝았도다

어아 어아 우리 한배검은
한울 베퍼 다스려됨 차지하사
헤 온 예순 여섯 일에
온갖 본이 박혔도다.

삼종가(三倧歌)

저 높은 늘 흰 메이여 곧잘 매 마를세
한배님 이에 나리사 겨겨레 우릴세

검거레 우릴세 검무리 우릴세

한배님 이에 나리사 검겨레 우릴세

저 깊은 송아물이여 곤잘 물 마를세

한배웅 이에 나리사 검나라 우릴세

검나라 우릴세 검나라 우릴세

한배웅 이에 나리사 검나라 우릴세

저 빛난 배달나무여 곤잘 낡 마를세

한배검 이에 나리사 검무리 우릴세

검무리 우릴세 검무리 우릴세

한배검 이에 나리사 검무리 우릴세

어천가(御天歌)

어두움에 잠긴 누리 빛 밝혀 주시고

늦 목숨이 없던 것을 모두 살렸도다

후렴

온누리 임이신 우리 한배

8장 국학의 길을 열고

오르셨네 오르셨네 새검으로 한몸

크고 밝은 세한참결 가르쳐 주시고
아홉 겨레 세 즘떼를 오래 다스렸다

후렴

이 세상에 많은 일을 다 맡겨주시고
아사달메 빛구름 속 한울노래 높다

후렴[1]

나철이 단군교단으로부터 받은 「단군교 포명서」를 보면 우리
말에 대한 애착이 두루 나타난다. 즉 '조선'이라는 말이 '배달'
에서 나왔다는 설명과 더불어 '배달목', '태백산', '패강', '임검',
'이사금', '이니금', '나라', '서울' 등 우리말에 대한 어원을 밝
히고 있다는 것이다. 이것은 단군교단이 대종교 중광 이전에
이미 우리말에 대한 관심이 지대했음을 확인할 수 있으며, 후

1 　강수원 편, 『대종교요감』, 260~271쪽, 대종교총본사, 1983.

일 한글 운동을 주도한 원인을 찾을 수 있는 부분이기도 하다.[2]

---

2   김동환, 앞의 책, 17쪽.

8장 국학의 길을 열고

'삼일신고'와 '신단실기' 펴내

○

난관이 겹치고 역경에 처할수록 더욱 발분하는 기백을 가진 나철은 민족종교에 대한 돈독한 신앙심으로 대종교의 각종 사서를 정비 간행하였다. 1912년 3월 3일(음) 국학의 전래 경전인 『삼일신고(三一神誥)』를 간행하였다. 한 해 전 『신라대전』에 이은 경전 간행이다. 그러니까 1906년 1월 서울역에서 백두산에 계신 백봉신형의 명을 받고 전하러 왔다는 백전 노인에게서 받았다는 바로 그 책이다.

고대로부터 유래해온 『삼일신고』는 고구려 때 한문으로 번역한 것이 전해져 발해국 문왕이 태조 고왕의 찬문과 대조영의 아우 대야발(大野勃)의 서문과 극재사의 독법 등을 엮어 어찬진본(御贊珍本)으로 만들었다고 한다. 여러 가지 곡절을 거쳐 백두산 보본단(報本壇) 석실 안에 비장되었다가 다시 곡절 끝에 나철의 손에 들어오게 되었다.

책은 366자의 한문으로 쓰여지고 「천훈(天訓)」, 「신훈(神訓)」, 「천궁훈(天宮訓)」, 「세계훈(世界訓)」, 「진리훈(眞理訓)」의 5훈으로 되어 있다.

『삼일신고』는 본래 신시개천(神市開天) 시대에서 나왔는데, 한님께서 홍익인간하기 위하여 사람으로 화하시어 한밝메 밝달나무 아래에 교화주인 한웅님으로 내려오셔서 만백성을 교화하실 때 조화경인 『천부경』으로 한울 이치를 알게 하시고, 교화경인 삼일신고로 다섯 가지 가르침(伍訓)을 일깨워 주셨다.

고시(高矢)는 동해가에서 푸른 돌을 얻어 오고, 신지(神誌)는 돌에 새겨 전했으며, 대부여(大扶餘) 시대에는 일토산(一土山) 사람 왕수긍(王受兢)이 밝달나무에 은(殷)나라 글로 새겨서 전하였다.

세상에서 전하기를 돌에 새긴 것을 부여국 곡간에 간직하였고, 나무로 된 것은 위만조선에 전하였다가 둘 다 전란에 없어졌으며, 지금 전하는 책은 고구려에서 번역하여 전한 것으로 발해 고왕께서 읽으시고 예찬을 붙이신 것인데, 세상풍파에 없어질까 염려하여 영보각(靈寶閣)에 두었던 것을 한밝메 보본단(報本壇) 돌집 속에 은밀히 숨겨두었는데, 그 뒤 오랜 세월 동안 햇빛을 못보고 지내다가 한말에 백봉신사(白峯神師)께서 한배검의 영몽을 얻어 이를 보본단 돌집 속에서 찾아냈다.

백봉신사는 다시 이것을 여러 권 인쇄하여 개천 4238년(1905) 을사 12월 30일 두암 백전옹(頭岩 伯佺翁)으로 하여금 신사기(神事記)와 함께 홍암 나철 씨에게 전수하였다. 이를 받은 홍암께서 대종교를 중광하시고 이를 잘 보전해 왔던 것이다.[3]

나철은 1914년 1월 15일(음) 뒷날 대종교 제2대 교주로 교통을 잇게 되는 김교헌에게 국학의 역사적 근간이 되는『신단실기(神壇實記)』를 간행케 하였다. 민족의 뿌리 사상과 대종교의 역사적 연원을 밝히는 대종교의 기본경전에 속한다.

본문은 20개 조항, 103쪽으로 주요 내용은 ① 역사적 계보 ② 삼신의 교화 ③ 신교사상 ④ 고대 강역의 모습 ⑤ 고대 귀중사료가 망실된 연유 등을 담았다. 내용 중 단군세기(檀君世紀)라는 조항에서는 단국(檀國), 부여, 고구려, 백제, 신라, 발해, 예맥, 동옥저, 비류, 숙신, 삼한, 정안, 요, 금 등 여러 나라의 흥망을 단군과의 계보를 중심으로 관련지어 논술하였다.

『신단실기』는 단군세기로 단군의 건국 치세한 사실에서부터 그 후계국가였던 부여, 예맥, 고구려, 백제, 신라, 발해 등에 관한 고대 한국의 역대 사실을 많은 문헌을 근거로 하여 간결하게 수록하고, 또 한얼님(天壇)의 교화와 배달겨레의 갈래 원류(源流), 신

---

3 강수원, 앞의 책, 196~197쪽.

이(神異)의 사실과, 제천의식(祭天儀式), 옛 풍속 등을 서술했다.

또 종래 이설이 있었던 단군의 향수(享壽), 태백산(太白山), 패수(浿水), 백악(白岳) 등의 제설에 대하여 주석을 붙여 한국 상고사를 바르게 설명했다. 특히 단군(檀君)의 단(檀)은 배달(倍達)의 국명이며 군(君)은 임검(王儉) 곧 군장의 뜻으로, 단군은 배달국의 왕검(王儉)의 존칭이며, 고사(古史)에 보이는 단군의 향수 1098년과 같은 기록은 단조의 역년(歷年)을 말한다고 해석한 것은 고사의 의문점을 해명한 것이다.[4]

---

4 앞의 책, 204쪽.

대종교인 주시경의
한글연구 이끌어

○

세종이 1443년 12월 "백성을 가르치는 바른 소리"라는 뜻의 훈민정음(訓民正音)을 창제하고, 여러 책을 훈민정음으로 펴냈다. 특히 의서, 농서 등 백성들이 실생활에 필요한 책과 어린이와 여성들을 위한 교훈서 등이 많았다.

예나 지금이나 일반 백성, 국민을 위하고자 하는 정책에는 기득권 세력의 거센 도전이 따른다. 세종 당시 최만리 등 조정의 중신들과 각지의 유생들이 드세게 반발하고 나섰다. "중국과 다른 문자를 만드는 것은 사대의 예에 어긋나며, 중국과 다른 문자를 쓰는 나라는 오랑캐들뿐"이라고 반대가 극심했다.

군왕이 훈민정음을 창제, 반포하였지만 지배층에서는 19세기까지 언문(諺文)이라 비하하고, 어린이와 부녀자들의 글로 치부되었다. 말(언어)은 한국어로 하면서 글(씨)은 한문으로 쓰는 실정이었다. 양반 지배층은 여전히 한문(한자)을 자신들의 '모국어'로 상용하면서 글이 백성들과 공유되는 것을 저지하였다.

훈민정음(한글)에 대해 가해자들이 많았지만, 이를 지키고 연구하고 다듬어 온 분들도 적지 않았다. 초기부터 수백 년 동안 '언문'으로 천시되어온 훈민정음을 '한글'로 이름짓고 짧은 생애를 한글 보급과 맞춤법의 과학적 연구에 바친 선구자가 대종교인 한힌샘 주시경(1876~1914)이다.

주시경의 어릴 적 이름은 주상호(周相鎬)였는데, 나중에 시경(時經)이라 고치고 아호를 한힌샘(白泉)이라 지었다. 시경이란 때때로 경전을 읽는다는 즉, 글공부를 열심히 하겠다는 의지의 표현이고, 한힌샘은 결코 마르지 않는 깨끗한 샘물을 의미한다.

19세 되던 고종 31년(1894년) 9월에 주시경은 머리를 깎고 배재학당에 들어갔다. 한문이 아니면 글이 아니라고 생각하던 그때, "몸과 머리털이나 살은 부모가 나에게 주신 것이므로 이것을 다치어서는 안 된다." 하는 생각을 가졌던 때에 얻은 큰 깨달음이요, 용기가 아닐 수 없다.

주시경은 1894년 9월에 서울 정동에 있는 배재학당에 들어가 박세양, 정인덕 강사에게 서양식 교육을 통한 새로운 시대가 요구하는 수학, 영어, 시사, 내외지리(內外地理), 역사 등의 신학문을 배웠다. 졸업할 무렵 예수교 세례를 받았으나 이를 버리고 대종교로 개종하였다. "우리 민족이 과거 사대사상에 빠진 것을 종교

침략의 결과라 밝히면서 국교인 대종교로 개종한다고 천명하였다."(김윤경, 『주시경 선생 전기』)

주시경이 어떤 경로로 대종교에 입교한 것인지는 분명치 않다. 제자 김두봉이 나철의 측근으로 백두산 순행 때 동행하는 등으로 보아 깊은 연고가 있었던 것 같다.

23살이 되던 1898년 9월에 만국지지과(萬國地誌科)를 졸업하고 배재보통과에 진학하였다. 이때에 중추원 고문관 겸 〈독립신문〉 사장 서재필에게 만국지지를 배우면서 그와 인연을 맺었다. 사람은 언제 어디서 누구와 만나느냐에 따라 운명이 갈리는 경우가 많다. 주시경은 배재학당 보통과에서 당대의 개화파 거물 서재필과 만나고, 독립협회와 〈독립신문〉에 참여하면서 한글연구라는 운명의 길을 걷게 되었다.

배재학당을 졸업하던 1898년(25살) 그는 상동교회의 청년학원 국어강습소에 국어문법과를 개설하여 자신의 연구결과를 직접 가르치기 시작했고, 이때의 강의록을 31살 때 『대한국어문법』이란 제목으로 출판하였다. 상동교회의 강의 말고도 그는 학창시절과 그 이후의 삶을 국어연구만이 아니라 서울시내 각 학교의 강습소, 외국인 한국어연구소의 국어교사로서, 또 독립협회와 협성회의 간부로서 바쁜 생활을 보냈다.

주시경은 배재학당의 강사이기도 했던 서재필의 권유에 따라 회계 겸 교보원(校補員)으로 〈독립신문〉사에 입사하였다. 한글연구와 운동의 본격적인 출발점이 된 것이다. 교보원은 오늘의 교정원(校正員)을 뜻한다. 우리나라 최초의 근대적인 민간신문인 〈독립신문〉이 1896년 4월 7일 창간호를 발행하였다. 비록 4쪽 짜리 초라한 지면이었으나 그 의미와 반향은 적지 않았다. 여기에 실린 '창간사'는 일개 신문의 고고지성을 뛰어넘어 조선사회에 큰 울림으로 메아리쳤다. 이 신문이 순 한글로 낼 수 있었던 것은 주시경이 있었기에 가능했다.

〈독립신문〉이 창간되고 7월에 독립협회가 설립되었으며, 1898년 3월 만민공동회가 개최되었다. 2년여 동안은 개화의 전성기였으며, 한글운동을 중심으로 가히 르네상스라 할 만했다. 주시경은 개화의 물결에 뛰어들어 뜨거운 열정을 바쳤다.

서재필이 쫓기다시피 미국으로 떠나면서 〈독립신문〉은 윤치호와 주시경이 맡아 운영하였다. 고종이 적대시하고, 열강의 이권탈취를 매섭게 비판해온 까닭에 러시아·청국·일본 등 외세가 사갈시하는 〈독립신문〉은 운영이 쉽지 않았다. 여기에 관변단체로 세력을 키워온 황국협회와 보부상 무리가 〈독립신문〉과 만민공동회 간부들에 대한 테러와 협박이 잦아졌다. 주시경에게는 혹독한 시련기였다.

주시경은 〈독립신문〉과 독립협회에 남다른 애정과 열정을 보였다. 아직 20대 초반의 배재학당 학생 신분이었음에도 두 기관에서 개화파 지도자들과 어깨를 나란히 하며 일하였다. 주시경이

8장 국학의 길을 열고

여러 기관에서 청년들의 각성과 계몽을 위해 노력하면서 우리글을 가르치고 있던 시기에 국가의 운명은 날이 갈수록 일제의 수중으로 빠져들고 있었다.

주시경은 나라가 기울던 1905년 국어 연구와 사전 편찬에 관한 건의서를 정부에 제출하고, 1907년 정부내 학부(學部)의 국어연구소 위원으로 들어가, 나라가 망해도 국어만은 지켜야 한다는 신념으로 일하였다. 국치의 해인 1910년 『국어문법』을 지었고, 최남선이 창설한 광문회에서 간행되는 국어관계 서적의 교정과 『말모이(국어사전)』의 편찬 책임을 맡았다.

한말과 일제강점 초기에 한글연구와 우리글 지키기에 온 힘을 쏟고, 최현배, 김두봉, 권덕규, 염상섭, 변영태, 현상윤, 신명균, 이규영, 장지영, 이병기 등 기라성 같은 제자들을 키워, 해방 후 남북한에서 한글운동의 선두주자로 만들었다. 이들 중 상당수가 대종교 신도들이다. 해방 후 미군정이 영어를 공용어로 쓰고자 할 때 이를 막아내고, 북한에서 초기부터 한글전용화를 하게 한 것도 한힌샘의 제자들이었다.

1914년 국내의 독립운동 동지들이 구속되고 나철이 대종교 총본사를 만주로 이전, 항일투쟁을 본거지를 마련할 때, 그도 해외 망명을 준비하던 중 급환으로 38살에 별세하였다. 한힌샘은 어느 독립운동가 못지않은 애국자이고 '한글'이란 이름을 창안한, 그래서 세종대왕의 후계자라 하겠다. 한말 격변기부터 일제강점 초기 민족수난의 시대에 언론인, 계몽운동가, 교육자, 국어학자로서 '한글연구의 선구자'로 평가받는 주시경과 그의 제자들이 있었기에 한글과 국어가 지켜질 수 있었고, 널리 보급되어 오늘에 이른다. 그 원류에 나철과 대종교가 자리잡고 있었다.

총독부, 대종교 경전 등
사서 압수

○

일제는 한국 병탄과정에서 수많은 의병을 학살한데 이어 통감부 법령 제1호로 신문지법을 만들어 언론의 통제를 통해 조선의 정신을 억압하고자 했다. 조선통감부가 1907년 7월에 반포한 이 법률 제10조는 "신문지는 매회 발행에 앞서 먼저 내부 및 그 관할관청에 각 2부를 납부해야 한다"고 철저한 사전 검열제를 명시했다.

그리고는 허울좋게 제11조에 "황실의 존엄을 모독하거나 국헌을 문란 혹은 국제교의를 저해하는 사항을 기재할 수 없다"고 했으며, 제12조에 "기밀에 관한 관청의 문서 및 의사는 해당관청의 허가를 얻지 않고는 상세한 관계없이 기재할 수 없다. 특수한 사항에 관해 해당 관청에서 기재를 금지하는 때도 같다"라고 하여, 통감부에서 발표한 사항 이외에는 일체의 보도를 금지시켰다.

또한 1909년 2월에는 법률 제6호로서 제정한 출판법에서 모든 출판물의 엄격한 사전 검열제를 실시하였다. 이 법 제2조에서는 "문서, 도서를 출판하고자 하는 때는 저작자 또는 그 상속자 및 발행자가 연인하고 고본(稿本)을 첨가하여 지방장관 (한성부는 경시총감)을 경유하여 내부대신에게 허가를 신청해야 한다"고 사전 검열제를 명문화시켰다.

일제는 이처럼 신문지법과 출판법을 만들어 가혹하게 문화탄압을 자행하고 엄격한 처벌규정을 두었으며, 또 자기들의 이익에 부합되지 않을 때는 압수, 발행 금지를 다반사로 자행했다. 신문지법 제21조는 "내부대신은 신문지로서 안녕, 질서를 방해하거나 풍속을 괴란한다고 인정하는 때는 그 발매, 반포를 금지하고, 이를 압수하며 발행을 정지 혹은 금지할 수 있다"고 했다. 출판법에도 비슷한 규정을 두었다.

일제가 조선을 병탄한 후 가장 먼저 서두른 일은 전국적으로 우리의 사서(史書)를 약탈하는 것이었다. 초대 총독 데라우치는 취임하자마자 총독부에 취조국을 설치하여 '조선의 관습과 제반 제도조사'에 착수한다고 공포했다. 내세우기는 '관습과 제도조사'라고 했지만 실제 목적은 이른바 '불온서적'의 압수에 있었다.

병탄 이틀 후인 1910년 10월 1일부터 '관보'를 발행하는 기민성을 보인 총독부는 그해 11월에 설치한 취조국을 통해 전국의 각 도·국 경찰과 헌병을 총동원하여 조선의 각종 사서를 비롯하여 전통, 문화, 예술, 인물, 전기, 열전, 충의록, 무용전에 이르기까지, 샅샅이 뒤져 압수하기 시작했다.

서적의 압수는 서울 종로 일대의 서점은 말할 것도 없고, 경향 각지의 향교, 서원, 양반가, 세도가, 고가 등지에서 빠지지 않고 행해졌다. 총독부가 특히 눈에 불을 켜고 찾은 서적은 단군관계 조선 고사서를 비롯한 각종 사서가 중심이었다. 대종교의 각종 문헌도 다수 압수되었다. 이와 함께 신채호의 『을지문덕』과 애국 충절을 고취하는 내용, 『미국의 독립사』, 『월남망국사』 등 외국의 역사책도 압수했으며, 『유년필독』과 같은 우리나라 어린이들의 교과서, 심지어 조선시대의 창가집까지도 빠지지 않고 강탈해 갔다.

이같이 총독부가 서적을 수색하여 압수, 소각한 작전은 1918 년 말까지 8년에 걸쳐 저질러졌다. 나철의 『신리대전』을 비롯하여 『삼일신고』와 김교헌의 『신단실기』 등이 압수당한 것은 물론이다. 초기에는 위협과 '대출'의 명목으로 수거하다가 나중에는 강제로 수색하고, 수거한 책을 되돌려 주지 않음으로 크게 물의를 빚고, 소장자들은 더욱 깊숙이 은닉하게 되었다. 이 기간 동안 총독부는 우리 사서 20여만 권을 수거하여 일본으로 가져가거나 불태웠다.

조선총독부는 1911년 8월에는 이른바 조선 교육령을 선포하여 민족말살책을 드러났다. 제2조는 "교육은 교육에 관한 칙어에 기초한, 충량한 국민을 육성하는 것을 본의로 한다"고 하고, 제5조는 "보통교육은 보통의 지식기능을 전수하고 특히 국민다운 성격을 함양하고 국어를 보급하는 것을 목적으로 한다"고 규정하였다.

여기서 말하는 '국어'란 일본어를 말하고 '충량한 국민을 육성'이란 한국인을 일제에 충성하는 신민으로 만들겠다는 뜻이었다.

8장 국학의 길을 열고

대종교인 박은식의 역사인식

○

나철과 대종교가 특히 경술국치를 전후하여 국학에 끼친 영향은 지대하다. 그 시기에 발간된 대종교의 각종 경전은 민족사학자들에게 많은 영향을 주었다. 이로 인해 1914년 그가 망명하여 정착한 만주 화룡현 청파호의 대종교 총본사는 민족사학자 출신 독립운동가들의 집결지 또는 순례의 코스가 되었다. 이런 모습은 김교헌, 윤세복으로 이어진 후계자들 시대에도 다르지 않았다.

대한민국 임시정부 제2대 대통령을 지낸 백암 박은식(1859~1926)은 개화파 지식인으로 〈황성신문〉과 〈대한매일신보〉 등의 주필을 역임하면서 각종 계몽, 항일논설과 많은 사론을 집필하였다. 1911년에 국경을 넘으면서 "나라는 망해도 역사만 지키면 반드시 부흥한다"는 신념으로 망명길을 택하였다. 나철의 '국망도존'과 같은 인식이었다.

망명한 박은식은 윤세복의 집에 1년간 머물며 대종교 교도가 되었고, 고대사와 관련된 유적지를 답사하는 한편 다수의 고대사 저술을 하였다. 박은식이 언제부터 대종교에 가입했는지는 분명치 않다. 그러나 그는 유근이나 김교헌과의 교유를 통해 망명 이전부터 대종교를 체득하고 있었으며, 망명을 전후하여 정식으로 입교한 것으로 추측된다.

이는 그가 대종교를 경험하기 이전에는 단군의 의미를 거론하지 못하였고, 강역 인식도 한반도의 범주를 크게 벗어나지 못하였으나, 망명 직후 서술한 고대사 저술에서는 커다란 인식의 차이와 변화를 보이기 때문이다.

박은식은 대종교의 종(倧)은 신인(神人)의 칭호이며, 단군의 신교를 받드는 '역사적 종교'라고 하였다.

언론인, 민족사학자, 독립운동지도자로서 큰 역할을 한 박은식은 『한국통사』,『독립운동지혈사』 등의 저술로도 일가를 이루었다. 뿐만 아니라 우리 고대사 연구에 크게 기여하는 『동명왕실기』,『몽배 김태조』,『대동고대사론』 등을 집필하는 한편 단군의 신교(대종교)에 관한 연구에도 심혈을 기울였다. 이와 관련한 기록이다.

단군의 신교(檀君之神敎)

시조 단군은 신도(神道)로써 교를 베풀고 제천(祭天)으로써 보본(報本)하였으니, 부여, 고구려, 백제, 고려가 대대로 그 교를 준수하였다. 우리나라 사람들이 자식을 낳으면 반드시 삼신(三神)께 제사하여 생산의 신을 위한다고 하노니, 삼신은 환인(桓因), 환웅(桓雄), 단군(檀君)을 말함이다.

기자조선 때에 단군묘(檀君廟)를 세우고 받들었으며, 삼국시대에 와서 불교가 흥기해도 환인제석을 높여 화엄경 중에 게재하여 국내 사찰들이 모두 환인제석으로 받들었으니, 이제 와서도 바뀌지 않았다.

제석(帝釋)이란 곧 인도어로 상제(上帝)를 칭하는 것이다. 고려 때에 묘향산에 360여 개의 암자를 지었으니 단군시조가 정치하던 360여 사를 상징한 것이며, 승려 무극 일연(無極一然)이 『삼국유사』를 찬하매 삼신의 이화(理化)한 사적을 논했고, 본조(조선시대)에 와서 명유 이익(호는 성호)이 말하되 우리 나라의 종교는 단군에서 나왔다고 했고, 다산 정약용이 삼신을 말하되 인민의 시조라 하였으니, 이것은 모두 신교의 원류(源流)를 고증함에 족하다. 제천, 보본함으로써 배천교(拜天敎)라고도 하며 또한 대종교(大倧敎)라고도 하니, 종(倧)이란 것은 상고시대에 신인(神人)을 칭하는 말이다.[5]

---

5 박은식, 『백암 박은식 전집』 제1권, 1062쪽, 동방미디어, 2004.

신채호의 선교사상과
대종교 인연

○

〈황성신문〉 논설위원과 〈대한매일신보〉 주필을 역임하면서 날카로운 필치로 항일구국논설을 집필했던 단재 신채호(1880~1936)는 역사학자, 언론인, 독립운동가로서 『조선상고사』, 『조선사연구초』, 『조선상고문화사』 등의 저자이기도 하다. 조선의열단의 선언문인 「조선혁명선언」은 불멸의 일제타도 문건으로 평가되었다.

국치 직전인 1910년 봄에 망명하여 블라디보스토크에서 교포 신문인 〈해조신문〉의 주필로 독립사상을 고취하고 대종교의 중진 윤세복의 초청으로 1914년 서간도 봉천성 환인현 홍도천으로 가서 대종교와 인연을 맺는다.⁶⁾ 망명 직전에 발표한 「동국고대선교고(東國古代仙敎考)」에서 '선교'에 관해 깊은 관심을 보인다. 따라서 망명 이전부터 나철이나 대종교와 일정한 교유가 있었을 것 같다.

신채호는 1914년 서간도로 망명하기 이전에 이미 대종교의
영향을 많이 받았으며, 서간도 봉천성 환인현 홍도천으로 가서
한동안 그곳에서 생활하게 된다. 이때에도 대종교 계통의 학교
인 동창학교에서 한인 청소년들에게 한국사를 교수하는 한편, 만
주에 거주하는 동포들의 애국심 고취와 계몽을 겸한 국사교재로
『조선사』를 집필, 간행했다고 하나 현재는 전하지 않는다.

당시 서간도로 망명할 때에도 대종교의 중진이었던 윤세복의
초청으로 이루어진 것이며 신채호가 단군의 역사적 존재와 의의
를 강조한 것도 일제의 강점, 지배라는 식민지 상황과 밀접한 조
응을 갖거니와 김교헌, 윤세복, 김좌진, 신규식, 이시영, 박찬익,
김백연, 조완구, 조성환 등 망명지사들이 모두 대종교의 지지자
들이었으며, 공통적으로 이 시기의 독립운동을 추진하는 활력과
결속을 위해서 대종교 운동의 중요성을 깊이 인식했던 것으로
보인다.[7]

---

6 백암 박은식이 대종교에 먼저 입교하고, 후일 단재 신채호가 입교한다. 대종교의
   신도를 기록하여 놓은 '종문영질'에 의하면, 백암 박은식-단재 신채호-이시열(조계
   종 운허 큰스님) 순으로 참고 교질을 받은 기록이 있다.
7 김동환, 「기유중광의 민족사적 의의」, 『국학연구』 제1집, 111쪽, 한국정통문화연구
   회 국학연구소, 단기 4321.

신채호가 가졌던 한국고대사의 주제어는 선교와 '낭가사상(郎家思想)'이다. 국난기를 맞은 그에게 선교와 낭가사상은 외래사상과 외부의 침략에 맞서 이를 구체적으로 극복할 수 있는 민족정신으로서의 고대 민족신앙인 선교와 전통적인 민족사상인 낭가사상의 이념을 「동국고대선교고」란 논설을 통해서 그 싹을 표출하게 된 것은 낭가사상 형성에 있어서 중요한 의미를 지닌다고 보았다.

그는 특히 낭가와 낭가사상의 독자성과 주체성을 강조하여 국선, 풍류도, 풍월도가 갖는 의미가 중국의 것과는 다르다는 것을 지적하였다. "즉 낭가사상의 국선은 투쟁에서 생활하여 도교의 '무위(無爲)'와 '불언(不言)'과는 판이하며, 낭가를 풍류라 함은 지나(중국) 문자의 유희풍류(遊戱風流)의 뜻이 아니라, 우리말의 풍류 곧 음악을 가리킨 것이며, 풍월(風月)도 지나 문자의 음풍영월(吟風詠月)의 뜻이 아니라 우리말의 풍월, 곧 시가(詩歌)를 가리킨 것"이라고 주장하였다.(신채호, 『조선상고문화사』)

『조선상고문화사』는 서명에서 알 수 있듯이 정치사와 함께 문화사 부분의 서술에 중점을 두고 있다. 신채호는 단군조선 전반기 1천 년의 정치와 문화는 고대에 있어서 가장 선진적인 것이었다고 하며, 중국을 비롯한 동양 각국 문화의 원류가 된 모범적인 것으로 보았다. 그리고 만일 후손들이 무력으로 그 문화를 보호하고 확장하였다면, 조선이 진실로 동양문명사의 수좌를 차지할 뿐 아니라 전 세계를 독점하였을 것이라고 단언하였다.

　신채호는 여기에서 단군시대의 종교로서 선교를 들고 있으며 화랑은 신라의 과거법이 아니라 단군 때부터 내려오던 종교의 흔이요, 국수의 중심이라고 강조하였다. 또한 중국의 오행과 팔괘는 조선에서 수입해간 것이라 하여 한중관계를 문화우열의 관계로 해석하고자 하였다.[8]

8　박걸순, 앞의 책, 290쪽.

대종교경전 주관한
민족사학자 김교헌

○

대종교의 제2대 교주인 김교헌(1867~1923)은 주요 경전 『신고강
의(神誥講義)』, 『신리대전』, 『회삼경(會三經)』, 『신사기(神事記)』, 『조
천기(朝天記)』, 『신가집(神歌集)』 등의 편찬을 주관한 대종교의 이
론가임과 더불어 치열한 민족사학자이다.

그는 특히 대종교의 종사(倧史)인 『신단실기(神檀實記)』와 민족
통사인 『신단민사(神檀民史)』를 저술하였다. "그의 국사인식은 대
종교의 국사인식을 확연하게 반영한다고 말할 수 있다. 그만큼
그의 저술은 대종교계의 국사인식과 관련해서 누구보다 주목 받
을 만한 위치에 있다고 하겠다. 김교헌의 국사인식은 1914년에
저술한 『신단실기』에서 찾아진다. 여기서 그는 대종교의 연원을
역사적으로 밝혀내고 있다."(박영석, 『일제하 독립운동사연구』)

그는 1898년 독립협회에 가입하여 민중계몽운동을 전개하였

고, 17명의 독립협회 지도자가 구속되자 대표위원으로 선정되어 만민공동회운동을 전개하였다. 1903년에는 문헌비고찬집위원회 편집위원이 되었다. 5년에 걸쳐 완성한 『증보문헌비고』(1908)는 상고시대부터 대한제국 말기에 이르기까지 우리나라의 정치, 경제, 사회, 문화, 군사 등 각종 제도와 문물을 정리한 책이다. 1906년에는 동래감리 겸 부산항 재판소 판사와 동래 부사로 재직하였다.

이때 통감부의 비호 아래 자행된 일제의 경제침략에 맞서 싸우다가 일본인들의 횡포와 모함으로 해직되면서 항일의식을 더욱 고취하게 되었다. 해직된 후 비밀결사 신민회 회원들과 교우관계를 맺었으며, 조선광문회에 들어가 고전 간행사업에 중추적인 역할을 하였다.

1909년에는 복직되어 규장각 부제학으로서 『국조보감』 감수위원을 겸직하였는데,『국조보감』은 조선시대 역대 왕의 업적 가운데 선정만을 모아 후대의 왕들에게 교훈이 되도록 편찬한 편년체 역사책이다.

1910년 경술국치를 당하자 대종교에 입교하고 1911년 총본사 요직을 두루 거쳐 도사교위의 중책을 맡아 4년간 직무를 수행하였다. 유근과 함께 "단군의 사적을 살핀다"는 뜻의 단군 기록 모음집인『단조사고』(1911)의 편찬을 주도하였다. 1914년 대종교의 남도본사 전리, 1915년에 남도본사 도강사 및 전강 등 중책을

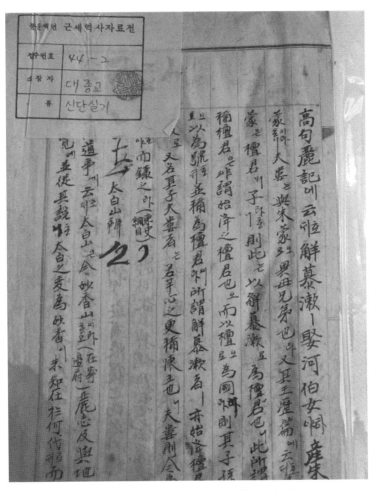

대종교 2대종사 무원 김교헌 저술 「신단실기」_ 자료제공 대종교 총전교 박민자

맡으면서 종리(倧理)와 종사(倧史)를 연구하던 중 1914년 『신단실기』와 『신단민사』를 저술하였다.

이 두 저서는 우리의 건국 시조인 단군과 대종교를 연결시켜 그 연원을 역사적으로 규명하였고, 이는 우리 민족사의 정통성을 체계적으로 세워 종래의 사대주의 사상을 불식하고 민족주체 사관을 정립하는데 크게 이바지하였다. 그의 사학은 후에 박은식, 신채호 등의 민족사학에도 크게 영향을 끼쳤다.

1914년에 저술한 『신단민사』는 만주 지역 우리 사관학도의 국사교재로 사용되었다. 대종교의 종사(倧史)라는 『신단실기』는 "조선후기 실학자들의 연구 성과까지도 반영하면서, 여기에 대종교적인 단군민족주의 세계관을 투영시켜 새로운 상고사의 체계를 수립하였던 것이다. 그 결과 흔히 신화로 돌리기 쉬운 단군에 관한 사적을 역사체계 내로 흡수시키는데 일조하였다고 볼 수 있다."[9]

---

9 이도학, 「대종교의 근대민족주의사학」, 『국학연구』제1집, 67쪽.

대종교 중심 독립운동 주도한
신규식

○

예관(睨觀) 신규식(申奎植, 1879~1922)은 대종교의 대표적인 독립운동가이다. 대한제국 시기 육군무관학교에 들어가 보병 참위로 임관되어 부위(副尉)까지 진급되고, 시위대로 옮겼을 때 을사늑약이 강제되자 시위대를 중심으로 의병을 일으키려 했으나 실패하자 음독자살을 꾀하였다. 이때 목숨은 건졌지만[10] 오른쪽 눈 시신경이 망가져 외견상 흘겨보는 상이 되자, '흘겨본다'는 뜻으로서 스스로 예관이라 자호하였다.

대한협회에 가입하여 활동하던 중 1909년 나철이 대종교를 중광하자 가장 먼저 입교하고, 1910년 국치 소식을 듣고 다시 음독했다가 나철에게 구명되어 함께 구국운동에 나섰다.

---

10 이때, 신규식을 구한이가 바로 홍암 나철이다.

1911년 1월 대종교 지교(知教)의 교질(教秩, 대종교 믿음의 단계)을 받고 대종교 본사의 경리부장과 종리부장(倧理部長)을 맡았다. 동년 4월에 대종교의 영계(靈戒)를 받았으며, 나철의 밀명을 받고 중국 상하이로 망명하면서 이름을 정(檉)으로 개명했다.

한국인으로 유일하게 손문이 이끄는 중국동맹회에 가입하고 무창봉기에 참가하면서 중국혁명 지도자들과 친교를 맺고, 박은식, 김규식, 신채호, 조소앙, 여운형 등과 동제사를 조직한데 이어 1915년 대종교의 핵심인물이었던 이상설, 박은식 등과 대동보국단을 조직하였다. 나철과는 의형제로 지냈고 대종교 최초의 시교사(施教師)를 역임한다.

1917년 대표적인 독립운동가 14인과 발표한 「대동단결선언」과, 1919년 초에 독립운동가 39인 명의로 발표한 「대한독립선언」(무오독립선언)은 그를 비롯한 대종교도들이 주동이 되었다.

그는 치열한 역사가이기도 했다. 망명지에서 지은 『한국혼』은 민족정신을 일깨우는 격문이었다. 책의 앞부분과 시 두 편을 소개한다.

백산의 쓸쓸한 바람에 하늘도 땅도 시름에 젖고 푸른 파도가 굽이치니 거북과 용이 일어나서 춤을 춘다. 어둡고 긴 밤은 언제 그치려나, 사나운 비바람만 휘몰아친다. 5천 년 역사를 가진 조국은 짓밟혀 일본의 식민지가 되었고, 3천 만 백성은 떨어져

노예가 되었으니, 아아! 슬프다. 우리나라는 망했도다. 우리들은 기어이 망국의 백성이 되고 말 것인가?

마음이 죽어버린 것보다 더 큰 슬픔은 없나니 우리나라의 망함은 백성들의 마음이 죽었기 때문이다. 이제 망국의 백성이 되어 갖은 슬픔을 당하면서도 오히려 어리석고 무지하여 깨닫지 못함은, 죽은 뒤에 한 번 더 죽은 것과 같다. 아아, 우리나라는 끝내 망하고 말았구나.

우리의 마음이 아직 죽어버리지 않았다면, 비록 지도가 그 빛을 달리하고 역사가 그 이름을 바꾸어 우리 대한이 비록 망했다 하더라도, 우리들의 마음속에는 각자 하나의 대한이 있는 것이니 우리의 마음 곧, 대한의 혼은 아직도 돌아올 날이 있으리라. 힘쓸지어다, 동포여! 다함께 대한의 혼을 보배스럽게 여겨 쓰러지지 않도록 할 것이며 먼저 개인의 마음을 구하여 죽지 않도록 하라.

홍암 선생께 드리다

작년 오늘에 우리 같은 옥에 갇히어
아사달 노래부르며 영웅기개 떨쳤지

8장 국학의 길을 열고

외기러기 남으로 날아 어디로 가려나

백산 흑수 천리길 아득만 하구나.

종문(倧門)에 대한 소감

사천 삼백 년 지난 오늘

대종교의 문 다시 열렸네

삼라만상 두루 귀화하고

삼신은 홀로 존귀하여라

손아래 사람 두루 형제며

영단에는 자손이 있어라

창생의 도탄 널리 구하고자

먼저 부르네 배달의 얼을.[11]

---

11 이상 『예관 신규식 전집(1)』, 예관 신규식 전집 편찬위원회, 2020.

만주로 이전한 총본사

동만주 화룡현 청파호에
총본사 옮겨

〇

대한제국을 강점한 일제는 물샐틈없는 법망과 전국에 깔린 헌병, 순사들의 감시를 통해 조선인들을 옴짝달싹하지 못하도록 만들었다.

일제는 1912년 총독부령 제40호로 '경찰범처벌규칙'을 만들었다. 사소한 정치적 언동에서부터 일상적인 생활과 정당한 권리마저 억압하는 등 식민통치를 위해 물샐틈없이 거미줄을 쳐 놓은 것이 '경찰범처벌규칙'이다. 이른바 '거미줄법'인 것이다. 이 법령은 항일운동가는 물론 일반인의 행동까지 규제하는 철저한 식민통치 억압법령으로 일선 경찰(순사)이 한국인의 모든 행동규범을 간섭, 규제하고, 생트집을 잡아서 벌금과 매질로 다스리도록 하는데 목적이 있었다.

일제강점기에 우는 아기의 울음도 멈추게 만든 "순사 온다"라는 말은 이 법령과 같은 심한 규제에서 연유된 것이다. 단 2개 조항으로 되어 있는 '경찰범처벌규칙'의 제1조는 "다음 각 호의 1에 해당하는 자는 구류 또는 과료에 처한다"고 하여 무려 87개 항목을 제시하였다.

총독부는 1912년 3월 조선민사령, 형사령, 태형령, 감옥령을 잇따라 공포하고 '전국민의 죄수화'와 '전국토의 감옥화'를 방불케 하였다. 전국 형무소 재소자는 1913년 현재 3,611,831명, 1914년 3,546,522명, 1915년 3,765,310명이었다.(조선총독부, 『통계연보』)

1912년 8월에는 토지 조사령과 시행규칙을 공포하여 농민들의 땅을 빼앗았다. 1918년까지 계속된 총독부의 토지 조사사업의 결과 이제까지 실제로 토지를 소유해왔던 수백 만의 농민이 토지에 대한 권리를 빼앗기고 영세 소작인, 화전민 또는 저임금 노동자로 전락하는 민족적 비극을 맞게 되었다. 1914년 3월에는 별도로 지세령(地稅令)을 공포하여 영세 농민들의 지세를 늘려 "식민지배에 필요한 비용을 식민지에서 조달한다"는 수탈책을 강화하였다.

일제는 '신민회사건'을 조작하여 각계의 지식층과 유력 인사 600여 명을 검거하고, 투옥자들의 사상 전향을 강요하며 지독한 고문으로 목숨을 잃거나 다수가 불구자가 되었다. 일제의 감시망을 피해 많은 민족주의자들이 해외로 망명하였다.

나철은 결단의 순간을 맞았다. 국내에서는 더이상 대종교의 포교활동과 민족운동을 전개할 공간이 없었다. 감시와 탄압도 가중되었다. 1914년 5월 13일(음) 은밀히 서울을 떠났다. 그리고 백두산 아래의 동만주 화룡현 청파호에 대종교 총본사를 이전하고 항일투쟁의 본거지로 삼았다. 거점을 마련한 직후 먼저 포교를 위한 교구개편을 단행하였다.

교구를 나누어 설치할 때에도 백두산을 중심으로 하는 한반도와 만주 등 고대 한국의 강역(疆域) 전체를 동서남북으로 나누어 4도교구로 하였다.

동도교구/동만주 일대와 노령 연해주 지방은 책임자 서일, 서도교구/남만주에서 중국 산해관까지는 책임자 신규식, 남도교구/한반도 전역은 책임자 강우, 북도교구/북만주 일대는 책임자 이상설로 구분하여 중국관내와 일본 구미 지방은 외도교구로 하였다. 대종교는 한반도만의 회복, 포교에 그치지 않고 실로 고대한국의 강역 즉 한반도는 물론 만주 지역까지 광복과 포교의 중심지로 했던 것이다. 대종교의 포교와 독립운동이라는 두 가지의 고차원적 의미가 있던 점을 재평가해야 하겠다.[1]

백두산 기슭에 총본사의 둥지를 틀고 새로운 교구개편은 대종교의 교세확장은 물론 이후 해외 독립운동의 전진기지역할을 하

---

1 강수원, 『우리 배달겨레와 대종교역사』, 228쪽.

였다. "이러한 교구 설정은 교세의 광역적 확산은 물론 해외 독립운동 특히 중국·만주 지역에서 독립운동 거점 마련에 크게 이바지하였다. 교구는 사실상 독립운동기지나 다름이 없었다."[2]

---

2 김동환, 앞의 책, 91쪽.

종교제례 치루고
민족교육문제 협의

○

나철은 1914년 10월 3일 청파호에서 개천절 행사를 거행하고, 10월 5일에는 고령사 제례를 행하는 등 대종교 관련 행사와 함께 은밀히 각지의 독립운동 지도자들과 만나 교민들에 대한 민족교육 문제 등을 협의하였다. 당시 간도에는 많은 한인이 이주하여 살고 있었다.

1909년 북간도 한인 수는 9만 8천여 명이었으나, 1911년에는 12만 6천여 명, 1921년에는 30만 7천여 명으로 급증했다. 그리고 1900년대에서 1930년대에 이르기까지 북간도 지역 한인 수는 북간도 전체 인구 수의 70~80%에 달했으며, 한인들은 간민교육회, 간민회, 간민교육연구회 등 사회 단체를 통하여 한인의 각종 권리와 자치를 신장시킴으로써 북간도 지역에는 명실상부

한 한인 사회가 형성될 수 있었다.[3]

  정착 인구가 많아지면서 곳곳에 한인학교가 들어섰다. 대종교
계열을 비롯하여 각 독립운동 단체들이 개설한 것이다.
  "북간도의 연길, 화룡, 왕청, 훈춘, 안도 등 3개 현에서만 1916
년까지 존치된 여러 행태의 한인학교는 총 158개교에 달했으며
재적 학생 수는 모두 3,879명에 이르렀다."[4]

  대종교에서 만주에 세운 시교당과 주요 학교는 다음과 같다.

  *명동학교(明東學校) - 개천 4369(1912)에 서일(徐一)이 1906년
에 설립하였다가 1년 만에 폐교된 서전서숙(瑞甸書塾)의 민족교
육정신을 계승하여, 기독교 계열의 김약연(金躍淵)의 주도로 서전
서숙을 나온 김학연(金學淵) 등 애국지사들이 1908년 4월 27일
화룡현 명동촌(和龍縣 明東村)에 설립하였다. 명동학교를 동만왕
천현에 세워서 경영하고 남파(南坡) 박찬익(朴贊翊), 정암 윤정현
(尹廷玄) 등도 모두 지내고 있는 곳에서 동포교육에 전력했었다.

---

3 김춘선, 「간도지역이 왜 독립운동기지가 되었는가」, 『내일을 여는 역사』, 008호,
   145쪽. 서해문집, 2002.
4 『조선족략사』, 280쪽, 연변인민출판사, 1986.

대종교 북도지사를 중심으로 한 교육시설이 십여 개에 이르렀다. 남북 만주지역에서도 대종교의 포교와 함께 지사 또는 시교당이 있는 각지에 교육기관을 설립해서 민족교육과 국민교육을 실시하였다.

> 한뫼가 우뚝코 은택이 호대한 한배검의 깃치신 이 터에
> 그 씨와 크신 뜻 넓히고 기르는 나의 명동
> 웅장한 조상피 이 속에 흐르니 아무런 일 겁낼 것 없구나
> 정신은 자유요 의기가 용감한 나의 명동

위의 인용문은 간도 용정에 있던 명동학교의 교가(校歌)이다. 명동학교 역시 기독교의 교육이념을 실천하는 학교였는데, 그 교가에서는 한배검 즉 단군의 자손으로서의 긍지와 그로 인한 미래의 희망과 역할을 노래하고 있다. 그 교가를 부르는 순간, 어린 학생들의 가슴에 용솟음쳤을 그 무엇… 그것은 바로 희망과 그를 이룰 수 있다는 자신감과 용기였고, 이것은 단군의 자손이라는 민족의식으로부터 나오는 것이었다. 이처럼, 폐쇄적이고 또 배타적일 수 있는 종교와 그 어떤 이념을 넘어서서, 우리민족이 단군의 자손인 배달민족이라는 민족의식은 1910년 이후의 망국(亡國) 상황 속에서도 좌절하지 않고, 독립과 자주국가 건설의 꿈을 배태(胚胎)하고 또 실천할 수 있는 강력한 민족적 역량을 형성

시키는 원동력(原動力)이 되었다.[5] 이처럼 단군의 정신을 계승하고 있음을 자랑스레 내세우고 있었고, 교실 벽에는 예수의 사진과 더불어 단군의 영정을 마주 걸어 놓고 있었다. 이는 단군을 기독교 교리에 어긋난다고 보거나 반대하지는 않고 있었음을 보여준다.

중국 길림성 연변조선족자치주 용정의 명동학교 옛터에 있었던 기념관 안에는 1910년대 혹은 1920년대 어느 한 해의 명동학교 졸업식 광경을 담은 사진도 전시되어 있었다. 그 사진 속에는 졸업생들과 교사들이 나란히 모여 앉고선 뒷배경에 큰 태극기와 단군영정이 양쪽으로 걸려 있었다. 기독교 교육이념을 내걸었던 명동학교의 이 졸업식 광경은, 종교적 입장을 뛰어넘어 우리민족 구성원 모두는 단군을 시조로 그를 이은 배달 자손이라는 당시의 시대적 민족인식이 반영된 것이었다. 2000년대 이후 명동학교 기념관에서 그 사진은 치워져 다시 볼 수 없게 되었는데, 이는 2000년대 한국사회 기독교계의 종교관에 의한 결과로 판단된다.

*동창학교(東昌學敎)-경남 밀양 출신의 단애 윤세복(대종교 제3대 교주)은 형 윤세용과 함께 4369(1911)년 봄에 만주로 가서 남만

---

5 안병삼, 「중국 조선족학교 교가의 가사(歌詞) 연구」『한국학연구』 39, 2011, 308쪽에서 재인용

주 봉천성 환인현 성내에 대종교 환언 시교당을 설립하고 한국인 교육기관의 동창학교를 세워 빈곤한 동포에게 학비를 보조하면서 계몽과 민족정신 앙양에 주력하였다. 이 학교장에 선임되었던 백농(白濃), 이동하(李東廈)도 대종교인이었고, 고향에서 교육에 힘썼던 김영숙(金永肅), 이극로(李克魯) 등의 인사를 맞아 그들과 협력해서 교육을 추진했으므로 동포들의 사기는 크게 올랐다.

그런데 이러한 대종교의 활동이 일본 영사관의 방해공작에 의하여 주춤하게 되더니 결국 폐교하지 않으면 안 되었던 것이다. 그러나 윤세복은 실망하거나 굴하지 않고 무송현(撫松縣)으로 장소를 옮겨서 흥업단(興業團)을 조직하여 백산학교(白山學校)를 설립하는 등 끈기있게 활동을 계속했다.

*서전의숙과 한흥의숙-또 함북 경원 출신으로 일찍이 민족교육의 선봉으로 나서서 교육에 주력한 호정(湖亭) 한기욱(韓基昱)은 용정촌(龍井村) 서전의숙(瑞典義塾) 학감으로 있으면서 그 지역 동포의 교육에 노력하다가 4370(1913)년에 길림성 이란도(以蘭道) 밀산(密山)에서 대종교 시교당과 함께 한흥의숙(韓興義塾)을 설립하고 전력을 기울여 동포교육에 헌신, 노력했다. 그로부터 북만주 지방에서의 민족교육의 길이 열려 동포 사회의 단결과 발전에 기여하는 바가 많았다.

*박달학원 – 중국 상해에서는 예관 신규식의 지도로 박달학원이 설립되어 그 지역 동포의 청년 자제를 교육하였고, 남경(南京)에서는 백암 박은식이 자유 본부 내에서 강습소를 설립하여 대종교 경배식과 함께 민족교육을 실시했다.[6]

당시 만주의 동포사회에서는 처음 창동학원에서 불리기 시작한 다음과 같은 교가가 널리 알려졌다. '한배검' 등의 표현으로 보아 대종교인이 지은 것으로 보인다.

> 한줄기 뻗친 맥줄 흰 뫼 아래
> 한배검이 처음 닦은 굳고 굳은 터
> 그 위에 우뚝 솟은 우리 창동은
> 인류문화 발전하려 떨쳐 나섰다.(1절)

> 여기저기 배달나라 남녀제씨들
> 애를 쓰고 힘들여 거둬 기를제
> 피어린 역사로써 거름을 주어
> 사랑스런 강토에 다시 보내자.(2절)

---

6   강수원, 앞의 책, 230~231쪽.

참스럽다 착하다 아름다워라

정신은 백산이요 이상은 독립.(후렴)⁷⁾

대종교는 당시에 하나의 종교가 아닌 교파를 초월하여 일반
적으로 믿어지는 초종교의 역할을 했다.[8] 일개 종교로 보지 않고
우리민족의 사상이나 뿌리로 보는 현재 대종교의 입장과 같다.
일제강점기 하에서는 기독교계에서도 단군에 대해 거부하지 않
았다. 한 예를 들면 간도의 조선인 기독교 교회에서는 단군을 존
숭하고 있었다.

초대 대통령 이승만은 1921년 4월 30일 〈독립신문〉을 통해 어
천절 축사를 한다. 이승만은 독실한 기독교 신자였다.

"지난 음삼월 십오일 어천절기념식 석상(陰三月十伍日 御天節紀
念式 席上)에서 낭독(朗讀)한 이 대통령(李 大統領)의 찬송가(讚頌詞)
가 좌(左)와 여(如)하더라. '온 셰상이 캄캄할 때에 우리에게 낫
하내시사 빗과 터와 글을 주시니 알음과 직힘과 행함이 넉넉하
엿도다. 그 힘을 보이시고 도로 가시샤 녯 자최를 머무시니 정신

7 윤병석, 『간도 역사의 연구』, 46쪽, 재인용, 국학자료원, 2003.
8 삿사 미츠아키, 「한말 일제시대 단군신앙운동의 전개」, 서울대학교대학원 박사논
문, 2003. 참조.

초대 대통령 이승만의 어천절 축사

과 살음과 즐김이 영광과 평안과 행복을 엇어 문채롭게 건전하
게 널이 사랑하며 꿋꿋하게 이어 왓도다. 우리황조는 거륵하시샤
크시며 지혜로 오시며 힘지시샤 이를 좃차 베푸시니 인류의 한
배 시며 임검이시며 스승이샷다. 허물며 그 핏줄을 이으며 그 가
라침을 바다온 우리 배달민족이리오. 오날을 맛나 깃겁고 고마운
중에 두렵고 죄 만흠을 더욱 늣기도다. 나아가라신 본 뜻이며 고
로어라신 깁흔 사랑을 엇디 니즐손가 불초한 승만은 이를 본밧
아 큰 짐을 메이고 연약하나마 모으며 나아가 한배의 끼치심을
빗내고 질기과져 하나이다.'"(리승만, 「讚頌詞」〈獨立新聞〉)

9장 만주로 이전한 총본사

또한 기독교를 신앙했던 도산 안창호는 평생 단군상을 몸에 지니고 다녔고, 필라델피아에서는 대규모 단군집회를 개최하기도 했다.[9]

또한 해방 후에도 '홍익인간(弘益人間)'을 대한민국 교육의 기본이념으로 정하는데에 안호상 초대 문교부 장관과 함께 커다란 역할을 했던 분도 연세대학교 총장을 지낸 백낙준 박사였다. 그는 미국에서 신학을 공부한 기독교인으로 1946년 조선교육심의회 제1분과 위원이었는데, 홍익인간을 교육이념으로 정하자고 제안하였고, 미군정이 이 말이 민족주의적 색채가 심하다고 꺼려하자, 이를 영어로 '인간에 대한 최대한의 봉사(maximum service to humanity)'로 번역하여 미군정을 설득하는데 성공하였다.[10]

또한 조계종의 운허 큰스님은 본래 대종교인이었다. 이시열은 평북 정주 향리에서 국운이 기울자 당시 항일투쟁의 선봉인 대종교에 입교했다. 초명은 이학수로 대종교에 입교하면서 1911년 이시열로 개명, 일경의 추격을 피해 1921년 박용하라는 가명으

---

9 전택부, 「토박이 신앙산맥2」, 대한기독교출판사, 1982, 97쪽; 이명화, 「북간도한인 사회와 명동교회」 일제하 간도지역의 한인사회와 종교, 한국학중앙연구원 문화와 종교연구소 국제학술대회보, 2009. 11. 20. 45쪽 재인용.

10 노길명 외, 한국민족종교운동사, 민족종교협의회, 2003. 229-230쪽 인용.

로 불교에 귀의하였고, 다시 1962년에 이운허로 개명한 뒤 팔만 대장경 국역 등 불교의 현대화에 큰 업적을 남겼다.

이시열은 대종교가 설립한 동창학교 교원으로 활동하였고, 입 교와 동시에 비밀결사인 대동청년단에 가입한다. 이때 호를 단 총, 이름을 이학수에서 이시열로 개명한다. 1914년 5월 13일에 참교 교질을 받았다. 참교 교질의 수여 일자는 박은식-신채호-이시열 순이다.

이시열은 광한단의 단장으로 1920년 12월, 상하이로 가서 임 시정부와 독립운동 방법을 협의하였고, 흥사단에 가입한 후 국내 각 단체들과 연락을 목적으로 국내에 잠입했으나, 일제에 의해 발각되어 추격을 피해 금강산으로 가던 중 강원도 회양군 난곡 면 소재 봉일사로 피신한다. 이때 박용하라는 이름으로 은천 선 사에게 사미계를 받았다.

해방 후에도 이시열은 대종교단으로부터 1946년 2월 23일자 로 지교, 두달 뒤인 4월 24일자로 상교의 교질을 제수 받았다. 비 록 불교에 귀의하였지만 과거 동창학교 시절 단애 윤세복 종사 와의 인연으로 대종교단과 아주 긴밀한 인연을 이어갔다. 불교인 으로서 대종교의 교질을 받았다는 점은 홍암 나철 대종사의 유 훈인 종교다원주의를 실천한 인물로서 큰 의미가 있다. 홍암 대 종사는 타 종교의 믿음과 대종교의 신앙을 하나로 보라는 유훈을 남기셨다. 대종교의 최고 중진이었던 최전(본명 최동식)은 본래 순천 선암사 금암 선사의 문하생으로 불도를 닦고 경월당 덕민이라는 법호를 받았던 인물이다. 대종교와 인연이 깊었던 불교인으로 한용운과 김법린을 들 수 있다. 한용운은 나철 대종사의 유고집을 간행하려다가 미완에 그쳤을 정도로 대종교에 대한 애정이 강했다. 김법린은 대종교 청년이었던 국어학자 권덕규와 독립투사 서상일의 영향을 받고 훗날 조선어학회에도 참여하였다.

이시열은 1946년 6월, 대종교 총본사의 종리 연구실에서 『삼일신고』, 『신리대전』, 『신사기』, 『회삼경』을 국역-주해하였고,

독립운동가이자 유교-대종교-불교의 3교를 회통한 운허 스님

1954년 7월 3일에는 종사편집부 주간을 맡았다. 광복 후 대종교 종리 연구실 찬수 및 종사 편집부 주간으로 활동하였으며, 대종교의 교질은 상교에 이르렀다. 1910~1930년대 서간도 지역에서 민족교육과 독립투쟁에 일조한 독립운동가이자 유교-대종교-불교의 3교를 회통한 종교인이었다. 1961년 국내 최초로 『불교사전』을 편찬했으며, 1964년 동국대학교 동국역경원을 설립하고, 초대 원장으로 취임하여 해인사 『팔만대장경』을 한글로 번역했다. 1980년 봉선사에서 세수 89세, 법랍 59세로 입적했다.

참고로 대종교 출신의 인물을 정리하면 다음과 같다.

종교 - 홍암 나철 대종사, 단애 윤세복 종사, 백산 안희제, 동산 최전, 손암 오기호
역사 - 무원 김교헌 종사, 백암 박은식, 단재 신채호, 동산 유인식, 산운 장도빈, 위당 정인보, 한뫼 안호상
국어 - 한힌샘 주시경, 백연 김두봉, 권덕규, 외솔 최현배, 가람 이병기, 김영숙, 벽초 홍명희, 고루 이극로, 정열모, 민세 안재홍, 이윤재, 한징, 유근, 안확
문화 - 춘사 나운규, 이세정, 안창남, 손기정, 백련 지운영, 채동선, 춘초 지성채, 애산 이인
의학 - 지석영, 김두종, 윤필한, 양봉근, 정관, 김준

항일 – 백포 서일 종사, 이기, 이동녕, 이시영, 이회영, 지청천, 김좌진, 김동삼, 이시열, 이상설, 신규식, 나중소, 이범석, 조성환, 박찬익, 한훈, 신성모, 조완구, 정원택, 조경한, 김일두, 우덕순, 홍범도, 엄주천, 신건식, 김규식, 김혁, 신순호, 서상일, 김승학, 조병준, 이규채, 홍충희, 이호길, 이광, 이동하, 황학수, 신백우, 신팔균, 권오설, 현익철, 홍주일, 명제세

교육– 이회영(신흥무관학교 설립), 이시영(신흥대-현 경희대 설립), 이홍수(홍익대 설립), 장형(단국대 설립)

또한 대한민국의 교육이념은 '홍익인간'이다. 교육이념으로서의 '홍익인간'은 법으로도 명시되어 있다.

교육기본법

제2조(교육이념)

교육은 홍익인간(弘益人間)의 이념 아래 모든 국민으로 하여금 인격을 도야(陶冶)하고 자주적 생활능력과 민주시민으로서 필요한 자질을 갖추게 함으로써 인간다운 삶을 영위하게 하고 민주국가의 발전과 인류공영(人類共榮)의 이상을 실현하는 데에 이바지하게 함을 목적으로 한다.

[전문개정 2007.12.21]

[본조제목개정 2007.12.21]

일제에 맞선 순국, 순교의 길

총독부의 잔인한 대종교 탄압

○

총독부는 나철이 만주에서 활동하고 있을 때 1915년 8월 15일 총독부령 제83호로 이른바 '포교규칙'을 발표하고, 국내 종교에 대한 통제를 더욱 강화하였다. 유교, 불교, 기독교만을 공인 종교로 인정하고, 대종교는 종교가 아닌 '유사 종교단체'로 분리시켰다. 그리고 악명 높은 경무국에서 직접 관리하도록 조처하였다. 대종교를 독립운동단체로 규정하고, 경무국의 관리체제로 묶은 것이다.

나철이 국내를 빠져나가 만주에서 활동한 사실이 드러나 총독부가 국내에 남아 있는 남도교구 등을 말살하고자 짜낸 술책이었다. 또한 갖은 탄압에도 불구하고 불과 수 년 만에 대종교는 국내외 교도 30만 명을 헤아리는 세력의 확장이 그만큼 두려웠던 것이다.

총독부 측은 고의적으로 일반 유사종단으로 보아오던 군소 신앙단체는 모두 서류를 접수하고, 오직 대교만은 신교가 아니라는 이유로 신청서류를 각하할 뿐 아니라 교내외 활동을 못하게 함은 물론 심지어 대종사(나철)의 수도행까지 저지하는 한편 구속한다고 협박해왔다.[1]

국내의 소식을 접한 나철은 1915년 1월 14일(음) 서울로 돌아왔다. 그리고 12월 21일 '신교포교 규칙'에 준한 신청서를 총독부에 제출케 하였다. 여타 종교들처럼 종교단체로 인정하라는 것이다. 하지만 총독부는 다른 모든 종교단체의 신청을 접수하면서 대종교만은 접수를 거부하였다. 대종교를 끝내 종교단체로 인정하지 않겠다는 일종의 선전포고였다.

대종교의 포교운동이 국내에서 그 본거지를 옮겨 만주, 중국, 노령 등지에서 30만 교도를 옹하고 독립운동과 함께 눈부시게 전개됨을 본 일정(日政)은 대경실색하여 이에 대(對) 대종교 정책에 고심하던 끝에 마침내 폐교, 처분할 것을 결정하고 이를 합법화하기 위한 방안으로 개천 4372년 을묘(서기 1915년) 8월 15일에 이른바 조선총독부령 제83호로 종교통제안을 공포하였다.[2]

---

1 『대종교 60년사』, 185쪽.
2 앞의 책, 186쪽.

10장 일제에 맞선 순국, 순교의 길

나철은 다시 한 번 결단의 시기를 맞았다. 그의 심중에는 신명을 바쳐서라도 대종교의 정맥을 잇고, 이를 통해 독립운동을 확산시키겠다는 뜨거운 열정이 치솟았다. 길은 찾았으나 사방이 꽉 막혀 있었다. 포교활동은 철저히 차단되었다.

　총독부는 1916년 4월 대구에 처음으로 일본 신사(神社)를 세우고, 이후 전국 각지에 신사가 세워졌다. 6월에는 조선왕궁인 경복궁에서 조선총독부 청사 기공식이 열렸다. 이들 사건은 민족종교 대종교를 이끄는 대종사(大倧師)의 신분으로서는 참으로 견디기 어려운 치욕이었다.

　1909년 6월 11일에 지었던 시조 「단단조(檀檀調)」를 다시 되새기며 자신이 가야할 길을 모색하였다. 1절과 7절을 소개한다.

　　백두산 돌아드니 단군 위업이 아닌가
　　잃은 강토 찾아내고 죽은 인민 살리랴면
　　아마도 단군 후예로 일체 단단(檀檀).

　　형제들아 자매들아 배달 겨레 모든 인중
　　우리 형제 자매들아 함께 지성으로
　　일심하여 빛내보세 빛내보세
　　태황조의 베픈 신교(神敎) 빛내보세.[3]

기회를 노리던 일제는 날이 갈수록 "대종교는 종교유사단체"로 몰아 대대적인 박해를 가하기 시작했다.

　집회, 설당(設堂)에 대한 불허는 물론이오, "대종교인의 자유가 없다" 하고 교주 이하 주요 간부의 사생활과 출입거처를 물샐틈 없이 감시하고 또 헌병, 경찰을 미행시켜 자유를 속박하는가 하면 교도들의 가두검색이 극심하였고, 특히 쟁송(爭訟)이 있을 시는 대종교인은 불문곡직하고 패소처분하는 학대를 자행하였다.[4]

　일제는 경술년 병탄 이전부터 대종교를 사갈시하였다. "대종교는 국조 단군을 숭봉하는 교단으로 민족의식을 환기하고 일정에 반발하며 대중으로 하여금 대일 적개심을 고취하고 민족적 혈통을 고수하야 국권회복의 선봉기수"라고 낙인하였다.
　일제의 대종교 해체설이 비등할 때 일본에서 발행된《태양》이란 잡지가 이에 대한 논설을 실었다. 일본인들도 불법무도함을 알고 있었다.

　대종교는 그 제창된 것이 오래 전 일이요. 그 나라에 있어서는

3　앞의 책, 151~159쪽.
4　앞의 책, 181쪽.

　　　　　　　　　　　10장 일제에 맞선 순국, 순교의 길

가장 오래된 고교(古教)라 하겠고, 또 그 신도가 많다고 하나 수중에 촌철이 없으니 설사 불쾌한 행동이 있다고 하더라도 두려워할 것이 아니오, 또 그때 해산하여도 늦지 않거늘 구태여 이제 강제로 해산시켜 종교에 간섭하였다는 원망과 비방을 들을 것이 없다.[5]

---

5   앞의 책, 180쪽, 재인용.

구월산에서 마지막 단군의례

○

선각자의 길은 험난하다. 그만큼 시련과 고초가 따르고 결단이 요구되기도 한다. 단군성조가 터를 닦은 무궁화 강역은 왜놈 천지가 되고, 국제정세 또한 강자가 약자를 잡아먹는 동물의 왕국이었다.

1916년 8월 4일(음) 나철은 서울의 남도본사를 떠났다. 김두봉, 엄주천, 김서종, 안영중 등 대종교 중진과 역시 교단의 간부인 사촌동생 나우영과 조카 나정완과 함께였다. 일반 교우들에게는 구월산 삼성사의 봉심(奉審)에 참여한다는 이유를 댔다. 실제로 이 행사는 예정돼 있었다.

일행은 황해도 사리원에서 숙식하고 6일 50리 길을 걸어 7일에야 구월산 단군사당에 이르렀다. 돌보는 이 없어서 사당은 황폐화되어 있었다. 며칠 동안 청소와 수리를 마치고 진행된 경배

행사에는 인근 주민들도 다수 참여하였다. 수행원 중 김두봉은 대종사가 교도들에게 보내는 사찰을 지니고 먼저 서울로 떠났다.

8월 14일 대종사는 목욕하고 손톱을 깎으신 후 새옷으로 갈아입으시고, 다음날 가배절(추석)에 드릴 제물과 동제천의(同祭天儀)에 고유할 진유문(奏由文) 및 악장(樂章) 등을 일일이 정성껏 준비하여 깨끗하게 힘쓰시었다.

15일은 곧 가배절이라 자시(子時) 정각에 단의식(檀儀式)을 거행하시니 삼신께 합하여 제사를 드림은 이번이 처음이며 또 진설된 제수가 전날 나라의 제전과 같지 않았다. 이날 단의식에는 전동 마을에서 새로 입교한 교우 31명이 참예하였다.[6]

가배절 행사에 나철이 지어 봉독한 「진유문」이다.

진유문(奏由文)

엎드려 생각건대 아사달메는 곧 한배께서 한울에 오르신 곳이라. 우리 한배는 한님이시니 한울에 계셔서는 같은 한얼이시오 인간에 계셔서는 가른 성인이시라. 이른바 삼성(三聖)은 곧 세

6　앞의 책, 190~191쪽.

검이오 세검이 곧 한얼이시다. 비로소 홍몽이 열리자 이에 태백산에 나리사 나라를 세우시며 교문을 열으시고 이 겨레를 교화하신지 217년에 도루 하늘에 오르시니 빛나게 우에 계시어 밝게 아래로 살피시거늘 이 사당(祠堂)은 지난 세상에 제사를 받들었고 한얼을 위하여 향불로서 공경을 다 하려니 어쩌다가 수백년 앞부터 교문이 닫기고 지금 수십년 동안에 예의까지 없어져서 한얼과 사람이 서로 느끼는 길을 끊었더니 얼마나 다행하게 한울 운수가 돌아와서 한님께서 사람의 마음을 깨우치사 대종교가 다시 일어난지라.

철(喆)이 비록 어리석어 같지 못하나 몸을 이 교문에 바치어 널리 한울길을 베푸고 크게 뭇 사람을 건지므로써 제 책임을 삼은지도 이미 8년이라 어찌 감히 옛법을 앗으면서 승냥이와 수달의 의리로서 다하지 못할까?

또 하물며 맹서로 고한지라 다섯달 만에 특별히 한님의 사랑을 입어서 때를 정하고 뜻을 결단한 자일까?

철이 이게 우리 교도 김두봉·엄주천·안영중·김서종·나우영 나정원들을 거느리고 와서 마음을 재계하여 몸은 목욕하고 사당을 쓸며 위판을 고쳐서 개천한지 일흔두돌인 병진년 8월 보름날에 삼사히 맑은물 정한메를 갖추어 제사를 받들고,

한얼께 아뢰옵나니 엎드려 비옵건대 밝으시게 적은 정성을 살피시와 널리 억만 백성으로 하여금 한가지로 복리를 입고 다

대종교문에 들어와서 백대가 되도록 이울지 않게 하옵소서. 이
것이 철의 지극히 바라는 바입니다.[7]

　나철에게 이승의 마지막인 추석날 구월산에서 열린 단의식 행
사는 대종교의 고례에 따라 참령식-진폐식-진찬식-진유식-진
악식-원수식-사령식의 순으로 진행되었다. 그때에 수행원 누구
도 대종사의 심중을 꿰는 사람은 없었다.

7　앞의 책, 192~193쪽.

순명조천殉命朝天의 길

○

보름날 새벽 2시 반에 모든 의식이 끝났다. 대종교를 중광한 대종사 나철의 최후의 모습을 살펴본다.

나철은 사당 뜰을 거닐다가 시자(侍者)들을 불러 당부하였다. "이 땅은 우리 한배께서 한울에 오르신 곳이라 예로부터 사당을 세우고 신상을 모시어서 향화가 4천 년간 끊이지 아니하고 이어 왔는데 불행하게도 이 몇 해 동안에 제사를 폐하고 수호(守護) 조차 없이 하여 사당과 제실이 무너지고 비바람에 견디지 못하게 되었으니 슬프다! 존귀한 삼성사가 이 지경에 이르렀으니 그 자손된 자 어찌 감히 안전하기를 바라리오? 내가 대종교를 받든지 8년에 이제야 비로소 이땅에서 단의(檀儀)를 받들게 되니 지극한 원을 마치었도다" 하시니 그 말씀이 정답고 화기가 얼굴에 가득하였다.

　말씀을 마친 대종사는 사당 옆 언덕에 올라서 북쪽과 남쪽을
향해 망배한 후 곧 수도실로 들어가시어 "자금일 삼오 3시위시 3
일간 절식수도 절물개 차문(自今日 上吾 三時爲始 三日間 絶食修道 切
勿開 此門)"의 21자를 써서 문중 방(榜)에 붙이고 안으로 방문을
잠근 뒤에는 먹 가는 소리 밖에 들리지 않았다. 지금부터 3일간
절식을 하면서 기도를 할 터이니 일체 문을 열지 말라는 뜻이었
다.

　시자들은 전에도 절식수도하는 일이 자주 있었으므로 전례로
알고, 모두 숲 사이로 또는 개울가로 산책하다가 날이 저물어서
돌아왔다. 이날 당직이 엄주천, 안영중 두 사람인데 저녁 10시경
에 수도실에 나아가서 그때까지 종이 떠는 소리와 먹 가는 소리
가 들렸다.

　익 16일 상오 5시 경 겹친 피로에서 깨어난 시자들은 늦잠 잔
것을 걱정하면서 수도실에 나아가니 고요하고 아무 동정이 없거
늘 의아하게 생각하고 "선생님" 하고 네 번이나 불렀으나 응답이
없는지라, 불안한 예감에 급히 문을 떼고 들어가 보니 대종사께
서 미소를 띄운 얼굴로 손, 발을 펴시고 반듯하게 누우시어 조천
(朝天)하신지 이미 오랬고, 책상에는 여러 개의 봉한 글월과 봉하
지 않은 유서 두 장이 있었다.

　이날 대종사의 조천 연락을 듣고 안악주재 일본헌병대장이 검

시차로 의사를 동반하고 왔었는데, 검시를 마친 그 의사가 말하기를 "사인이 없는 사망이라 가위 성사(聖死)라 하겠고 범인(凡人)으로서는 상상도 못할 일이라"고 하면서 경의를 표하고 갔다.[8]

나철은 54세이던 1916년 8월 15일(음) 구월산 삼성사에서 대종교 고유의 제천의식인 단의식(檀儀式)을 거행하고, 유서를 통해 교통(教統)을 김교헌에게 전수하고 순명(殉命)하였다. 대종교를 중광한 지 8년 만이다. 이 기간 국내외에 신도가 30만에 이르렀지만, 일제의 말살책동에 맞서 순명한 것이다. 그의 죽음은 순명이고, 순교이고, 순국에 속한다.

그는 순교에 앞서 「순명 3조」와 무원(無園) 김교헌에게 교통을 이어받으라는 「무원종사에게 보낸 유서」, 비밀리에 교도들에게 주는 「밀유(密諭)」, 「공경히 교인들에게 고하는 글」, 「장사 지내는 일에 대한 경계말씀」, 그리고 「조선총독 데라우치에게 주는 글」과 「일본 총리 오쿠마에게 주는 글」 등을 유서로 남겼다.

먼저 「순명 3조(殉命三條)」이다.

---

8 앞의 책, 200~202쪽.

10장 일제에 맞선 순국, 순교의 길

순명 3조(殉命三條)

1. 나는 죄가 무겁고 덕이 없어서 능히 한배님의 큰 도를 빛내지 못하며 능히 한겨레의 망하게 됨을 건지지 못하고 도리어 오늘의 없수임을 받는지라. 이에 한오리 목숨을 끊음은 대종교를 위하여 죽는 것이다.(喆 罪惡甚重 材德菲薄 不能普光天祖之大道 不能弘濟神族之胥淪 反致有今日之侮辱 兹決一縷之命 以殉于倧敎者)

2. 내가 대종교를 받든지 여덟 해에 빌고 원하는 대로 한얼의 사랑과 도움을 여러 번 입어서 장차 뭇 사람을 구원할 듯 하더니 마침내 정성이 적어서 갸륵하신 은혜를 만에 하나도 갚지 못할지라 이에 한오리 목숨을 끊음은 한배님을 위하여 죽는 것이다.(喆 敬奉八載 禱輒靈應 屢蒙神眷神慈黙契黙佑 若將溥救衆生而精誠微淺 不能報答萬一之恩 兹決一縷之命 以殉于天祖者)

3. 내가 이제 온천하에 많은 동포가 가달길에서 떨어지는 이들의 죄를 대신으로 받을지라 이에 한오리 목숨을 끊음은 천하를 위하여 죽는 것이다.(喆 今代普天下兄弟姊妹 迷眞沈妄 竟墮苦暗者之罪 兹決一縷之命 以殉于天下者)[9]

---

9 강수원, 앞의 책, 235쪽.

단제강세 4373년 병진 8월 15일 대종교 도사교 나철

다음은 김교헌에게 뒤를 이어 대종교의 책임을 맡아달라는 유서다.

무원종사(茂園宗師)에게 보낸 유서

보화당(普和堂) 보시오. 아사달 한배님 오르신 곳에 들여와서 이 세상을 위하여 이 백성을 위하여 한 번 죽기를 판단하니 죽음은 진실로 영광이로되 다만 다시 만나서 즐거워 함을 얻지 못하고 천고(千古)의 이별을 지으니 보통 인정으로서 헤아리면 혹시 섭섭할 듯하나 죽음에 다달아서 한 번 생각하건대 선생의 지신 짐이 매우 무겁고 크오니 오직 힘써 밤을 더 하시와 이 세상에 복이 되며 이 백성을 다행하게 하소서.

몇 가지 서류는 아래 적은 대로 거두시오. 큰 길의 편하게 닦음을 길게 기리며 널리 베푸시고 크게 건지심을 정성껏 비나이다.[10]

---

10 앞의 책, 234쪽.

한님의 공덕 빛내달라

○

나철 대종사는 죽음에 임하여 대종교의 입문이 곧 '불령선인'으로 찍혀서 고난이 따르는 핍박 속에서도 단군정신을 이어받아 조국광복운동에 나선 국내외의 도인들에게 당부의 말씀을 남겼다.

밀유(密諭): 끼치신 말씀

아! 우리 종문(倧門)의 뒤를 이을 이들은 항상 공경하여 한얼을 받들며 반드시 사랑으로 인간을 구원하고 교를 널리 펴서 한님의 공덕을 빛낼 것이며 그 업을 쫓아서 사람의 벼리를 떨칠 것이오.

마음을 놓아서 아무나 속이지 말며 기운을 불려서 함부로 떠들지 말고 나쁜 생각으로 정치에 덤비지 말며 못된 버릇으로 법률에 범하지 말고 겁냄과 원망을 품지 말며 음탕과 미혹(迷惑)에 가까이 말고 교문을 방자하여 일을 저질지 말며 교도들을 믿고서 공론(公論)에 다투지 말고 다른 교인을 별달리 보지 말며 외국 사람을 따로 말하지 말고 권세 있다고 아첨하지 말며 구차한 것을 없우이 말고 안정으로써 몸을 닦으며 청직(淸直)으로써 뜻을 가지고 원도로써 죄를 뉘우치며 근검(勤儉)으로써 살림을 늘리고 자손에게 충효를 가르치며 형제끼리 돈목(敦睦)하게 도와주고, 안으로는 인지(仁智)를 닦으며 밖으로는 신의로 사귀고 진실한 정성은 일찍 팔관(八關)의 제계(濟戒)가 있으며 두터운 풍속은 또한 구서(九誓)의 예식을 전하였고 삼법(三法)을 힘써 행하여 먼저 욕심물결의 가라앉음을 도모하며 한뜻을 확실히 세워 스스로 깨닫는 문이 열림을 얻게 하라. 이와같이 하면 한울에서 복이 나릴 것이오 만일 어기우면 한얼께서 벌을 받을 것이니 조심하고 힘쓸지어다.[11]

공경히 우리 교문의 형제, 자매에게 고하는 글(恭告敎徒文)

공경히 우리 교문의 형제자매에게 고하노라.

아! 애통하도다! 우리 동포는 뉘가 한님단군의 거룩하시게 길러주신 영특한 인간들이 아니리오. 그러나 모두가 근본을 잊으

11　앞의 책, 236쪽

며 근원을 저버리고서 사특한 길을 달리고 참함에 아득하며 가달 길에 잠기어서 죄바다로 떨어지매 마치 촛불에 닿는 약한 나비와 우물에 빠지는 어린아기와 같거든 하물며 구더기가 수파람을 내고 도깨비가 뛰노니 한울 땅의 정기 빛이 어두우며 배암(뱀)이 먹고 도야지(돼지)가 뛰어 가니 사람겨레의 피고기가 번지르 하도다.

나라 땅은 유리조각 같이 부서지고 티끌 모래는 바람 비에 날렸도다. 날이 저물고 길이 궁한데 인간의 갈길은 어디메뇨? 아! 슬프도다. 이것이 누구의 허물인고 비록 그러나 우리 한배검 단군께서 특별히 크신 사랑의 은혜를 드리우사 차마 어린아이의 우물에 빠짐을 언덕에서만 보지 못하시고 한 가닥 이 백성의 살아 갈길을 거듭 열어 주시니 곧 우리 대종교문이 이것이다.

다행히 이 교문에 들어오는 이는 공중에 떠서 두루미를 타는 것 같고 이 교문에 나아가지 않는 이는 돌을 지고 바다에 빠짐과 같을지라. 모두 한 가지인 우리 형제자매들이여! 화가 변하여 복이 됨도 오직 내 마음에 있고 즐거움을 버리고 괴로움에 떨어지는 것도 또한 내 마음에 있는지라 옛사람이 일렀으되 화(禍)와 복(福)은 문이 없고 오직 사람이 부르는 바라 함은 실로 오늘을 준비한 말이로다.

나는 죄가 무겁고 덕이 없어서 우리 교문을 맡은 지 여덟해 동안에 능히 큰 도의 빛난 빛을 널리 펴지 못하며 능히 이 세상의 아득한 길을 크게 건너지 못하고 이렇듯 오늘의 빠짐이 있으니 도리어 부끄러움을 이기지 못하겠고 또한 여러분 형제자매의 독실하게 믿지 않은 허물이라 이를 것이다.

내가 이제 온전히 형제자매의 허물을 대신하고 한오리의 목숨을 끊어서 위로는 한배검께 사례하며 아래로는 모든 동포에게 사례하노니 내가 간 뒤에 대종교의 일은 오직 여러분 형제자매의 힘으로써 이 세상에 행복 될 것을 바랍니다. 늘 건강들 하시고 힘 많이 써주시오.[12]

나철은 단군교를 중광하여 한 교단의 교주가 되고서도 종교적인 과도한 위상이나 위세를 보이지 않았다. 구한말 이래 수많은 종파가 생기고, 개중에는 자칭 천자 또는 현신이라 부르면서 혹세무민하는 경우가 적지 않았다.

그는 달랐다. 대단히 검소하고 서민적이었다. 자신의 장례에 대한 유언에서도 그 정신이 드러난다.

장사 지내는 일에 대한 경계 말씀

  1) 지금 한국땅에 이 몸을 묻을 곳이 없으니 반드시 회장으로써 깨끗하게 할 것.

  2) 염습에는 명주, 비단을 쓰지 말고 다만 삼베, 무명(평일에 입

---

12 앞의 책, 236~237쪽.

음과 같은 것)으로써 몸을 쌓고 시체를 거둠에는 관곽을 쓰지 말고 부들은 갈대의 자리로 묶을 것.

3) '상여'를 쓰지 말고 지게로 옮길 것.

4) '부고'를 돌리지 말고 조상을 받지 말 것이며 장사할 때에 손님을 청하지 말 것.

5) '명정'은 다만 성명만 쓸 것.

6) 만일 제사를 지내거든 고기 술을 쓰지 말고 밥 한 그릇 반찬 한그릇(평일에 먹음과 같은 것)으로 차릴 것.

7) 교문의 형제자매들은 상장(喪章)을 붙이지 말 것.

단제강세 4373년 병진 8월 15일

대종교 도사교 나철(羅喆)

대종교중 첨위 인체

(부) 밀계일조(密誡一條)

유해의 재는 반드시 한밝뫼 아래(총본사에서 가까운 땅)에 묻을 것.[13]

---

13 앞의 책, 237~239쪽.

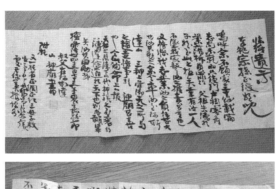

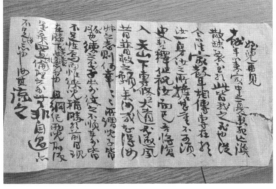

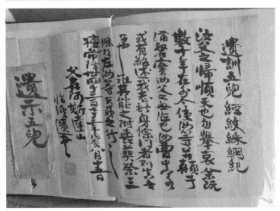

홍암 나철 선생이 가족들에게 남긴 유서의 친필 원본

10장 일제에 맞선 순국, 순교의 길

일본총리와 조선총독에 경고

일본총리 오쿠마에게 주는 글

○

.

나철이 순국의 길을 택하면서 하고자 했던 발언은 악독한 조선 총독 데라우치와 일본총리 오쿠마에게 보낸 공개장일 것이다. 총독 데라우치는 포악한 통치로 조선사회를 연옥으로 만들었고, 오쿠마는 일왕의 하수인으로서 조선 식민지화에 앞장선 인물이다. 먼저 「일본총리 오쿠마에게 주는 글」이다.

철(喆)은 종교인이다. 대(大)는 천(天)이요 종(倧)은 신(神)이니 우리 한얼 한님께서 처음 세우신 천신교(天神敎)이다. 철이 받든 지 10여 년 한 세상을 크게 건지고 자기의 책임을 삼았더니 지금 믿는 무리를 다리고 아사달메에 와서 세검한님의 오르신 곳을 퇴오며 한얼께 제사하는 의식을 삼성사에서 공경히 행하여 인하여 교를 위하여 죽노라.

이제 세상을 떠나는 날에 당하여 가히 각하를 위해 말하지 않을 수 없다. 억지로라도 이러한 말이 없으면 허물이 철에게 있으니 어찌 말하지 않으랴. 이런 말을 하는 것이 실로 각하를 위함이 아니라 이 백성을 사랑함이요 한갓 이 백성만을 위함이 아니라 곧 한얼께 공경함이니 오직 각하는 살필지어다.

대개 종교와 정치는 두 길로 갈렸으나 종교의 도덕으로서 정치의 베품을 기우는 것이 동서고금이 아울러 행하여 어기지 않은 것이라. 각하는 정치의 대가로서 마땅히 이에 거울 하겠거늘 이제 반만년 내려오는 천신대교(天神大教)를 막고 만국에서 같이 아는 신교자유를 없애려 함은 어쩐 일이요. 비록 막고자 하나 한님께서 반드시 노여워하실 것이니 또한 두렵지 않은가. 비록 없이 하려 하여도 공법에서 항거할 것이니 또한 애달프지 않는가. 작년 10월 1일에 조선총독으로부터 신교 불교 기독교의 포교규칙을 발포하였다. 오직 우리는 신교의 조종이 됨으로 12월 21일에 그 규칙에 의거하여 신청하였더니 총독부에서 대종교는 신교가 아니라고 퇴각하였고 또 금년 4월 3일 총독부의 구속으로 만주에 수도하려는 길을 막으니 과연 그 뜻이 어디에 있는지 모르겠다. 대종교는 4천 3백 일흔 세 해 앞에 나온 한얼길이라.

태백산의 강신궁(降神宮)과 마니산의 제천단과 구월산의 수도대(修道臺) 단군대(檀君臺) 어천석과 묘향산의 수도굴(혹 단군굴)이 사기(史記)에 빛나고 우주에 환하니 그 연대로 말하면 선, 불, 유,

야의 종교가 다 그 가지가 되었고 그 신덕(神德)으로 말하면 아시아 유럽 아메리카 아프리카의 민족이 같이 기르심이라.

한울에 절하는 도리와 한얼을 높이는 이치가 다 한배검으로부터 생겨서 비로소 종교가 세상에 있게 되었거니와 더구나 여러 신교는 종문의 흐름이어늘 이것이 신교됨에 부족하다고 배척하여야 하겠는가.

철이 정치의 관념을 버린 뒤로 세법의 좁음을 깊이 깨닫고 드디어 몸을 종문에 바쳐서 스스로 천하를 건짐으로써 백산(백두산)의 남북지경에 분주하였더니 물이 흐르다가 그침 같고 구름이 스스로 걷다가 펴음 같아서 꼭 30여 만의 신도를 얻었다.

또한 돌아보건대 이 몸이 다시 해에 칼을 품고 역적을 죽이려던 인영(寅永)이 아니라 이에 오늘날 정성을 열어서 원수를 돌이키는 철이 되고 또 이 맘이 다시 옛날에 열을 맛보면서 한나라만 사랑하는 치우친 생각이 아니라 이에 이 날로써 짊을 같이 하여 온 세상을 구원하는 한 길을 가졌거늘 오히려 교를 믿음으로 알지 않고 억지로 구속하는가! 설사 일·러가 강화할 즈음에 일본 내각에 글로 힐문하고 을사조약 뒤에 한국대신을 죽이려 한 것은 다 그때의 일이라.

당시에 국민 된 자가 도의로서 이런 일이 없을 수 없었으니 이것은 혹 헤아릴 것이요.

지금엔 이미 때가 옮기며 일이 지나고 기질도 바꾸어서 다시 조금인들 마음에 붙임이 있으리오. 만일 철의 지난 일로써 의심을 가진다면 크게 그릇됨이라. 유태가 망하나 예수의 도는 점점 떨치고 인도가 쇠잔하나 석가의 도는 더욱 일어났으니 한국이 비록 빈터가 되었으나 대종의 도가 다시 일어남을 어찌 다르게 의논할까. 생각건대 각하는 혹시 철이 한님의 한얼나라에 나었고 한님의 한얼교화를 받들며 한얼 겨레를 합하여 다만 옛 정신을 가진 줄 알면 더욱 잘못이다.

우리 한님은 한우님이시니 사람이 되시어 처음 한울을 열으사 끝없는 대교(大敎)를 드리우시고 한얼이 되시어 다시 한울에 오르사 위없는 한 자리에 계시니 밝게 다다르시며 넓게 사랑하셨다.

철은 써하되 천하의 땅을 보전하여 다 한님의 한얼나라가 되고 천하의 도를 높여서 함께 한님의 한얼교화가 되니 천하의 백성을 사랑하면 뉘가 한님의 한얼겨레가 아니리오.

시험하야 먼저 대화(大和)의 옛 사기를 상고하건대 그 만족의 근본과 신교의 본원이 다 어디로부터이며 신사(神社)의 삼보한궤 (三寶韓几)와 궁내성의 오십한신(伍十韓神)이 다 어디서 왔으며 의관문물과 전장법도와 공훈을 세운 위인들이 모두 어느 곳으로부터 왔는가?

옛적에 찬하가 한 집 됨은 분명한 증거가 있거늘 요사이 정치가들이 지경을 가르는 소견은 내가 취하지 아니 하노라. 철의 도는 법문(法門)이요 철의 몸은 한님의 혈통이요 철의 뜻은 천하의 화유(化有)이니 어찌 한갓 한울 메의 남북에 한정할 따름이리오.

슬프다. 대종은 온갖 교의 조종(祖宗)이어늘 도리어 무리한 업신여김을 받아서 우리 한님께 욕됨은 철의 허물이요. 몸이 대교의 임자가 되거늘 함부로 무리한 속박을 입어서 우리 종문을 더럽힘은 철의 허물이요, 도는 널리 구원하는 믿음이어늘 가만히 무리한 타격을 만나서 우리 중생을 빠뜨림은 철의 허물이다.

오직 크신 한님이 나려 보심에 사정이 없으사 한얼에 공경하면 복조(福祚)를 내리시고 한얼에 게을리 하면 재앙을 내리시니 이제 각하는 수상이라 능히 한얼교인을 잘 보호하여 그 복조를 누리려는가. 실로 이 세상의 다행이요 혹시 한얼자손을 학대해서 그 재앙을 부름이 없겠는가. 실로 이 백성의 복이로다.

죽음에 다달아서 한번 말함을 철이 어찌 거짓 하리오. 한얼의 보심이 매우 밝으심이니 경계해 두렵지 않을까 보냐! 철이 마땅히 한남-한배의 곁에 모시어 인간의 선악부를 살피고 천하 만대의 공론을 기다리리니 빌건대 각하는 짐작하라. 붙여 훈안(勳安)을 기리노라.

조선총독 데라우치에게 주는 글

○

철의 받드는바 대종교는 곧 옛적에 처음 세운 한얼(조선 옛말에 한
얼(天神)을 가리켜서 대종이라 하였음) 교문이다. 철이 이제 믿는 무리
를 다리고 아사달 메에 한님-한배께서 한울로 오르신 곳에 와서
한얼께 제사지내는 의식을 삼성(三聖, 한울에 계시매 삼신이요, 인간에
계심에 삼성이다) 사당에 공경히 행하고 인하여 목숨을 죽이되 이
백성을 생각하여 능히 눈을 감지 못할 새 이에 마지막으로 할 말
을 하노니 오직 각하는 살필지어다.

　을묘(1915년) 1월 1일 귀부령 제83호로 신교, 불교, 기독교의
포교규칙을 발포한지라. 그 해 12월 21일에 본교가 신교규칙에
의지하여 신청하니 귀 총독부로서 퇴각시키며 가라사대 "종(倧)
은 가히 신교가 아니니 받을 수 없다"고 하였다. 경술(1910년) 8월
30일에 귀부 발 제1호 고시(告示)에 "각 종교를 보호하여 신교를

자유롭게 한다" 하더니 금년 3월에 교주된 자 수도의 길을 떠나려고 한 즉 소관 경찰서로 하여금 막으며 가로돼 "대종교인에게는 자유를 허락지 않는다" 하였으며 또 5월 10일에는 각하의 글월을 베퍼서 거취의 결단을 청한 즉 또 경찰서로 하여금 설유하여 가로대 "글로 번거함이 옳지 않다" 하고 억지로 서약서를 토색하였다.

슬프다, 각하가 우리 대종교의 문을 닫고 없이 하려 하는가! 철의 몸을 가히 가루로 만들지언정 4천3백년의 한님-한길을 가히 멸하지 못할 것이요. 각하가 우리 대종교인을 학대하려 하는가. 철의 머리는 가히 끊을지언정 30여 만 무리의 믿는 마음을 빼앗지 못할 것이다. 우리 한님은 한우님이시다. 사람이 되시어 처음 한울을 열으시어 끝없는 대교(大敎)를 드리우시고 다시 한울로 오르시어 위없는 한자리에 계시니 태백산의 강신궁과 마니산의 제천단과 구월산의 수도대, 어천석이 사기에 빛나며 우주에 환하다.

한울에 절하고 한얼을 높이는 도리가 처음 행하여 종교가 세상에 비로소 열렸으니 대종은 온갖 교문의 마루요 더욱이 여러 신교의 비조(鼻祖)됨이 밝거늘 만일 신교가 아니라 하여 배척하면 한얼께서 반드시 노여워하시니 또한 두렵지 않는가!

철이 일찍이 일·러 강화와 한일조약을 맺을 때 일본내각에 힐문하고 한국대신을 죽이려 하였으나 이것은 당시 국민으로서 한

가지 의무이라, 혹시 짐작도 할 것이요. 이미 대세가 이롭지 못하여 조국이 빈터 됨을 보고 생각을 정계에서 끊고 몸을 종문에 바쳐서 스스로 천하를 건짐으로서 수십만의 신도를 얻었노라. 만일 철의 지난 일로서 철을 의심하고 구속한다면 아는 이는 반드시 웃을 것이니 또한 그릇됨이 아닌가!

유태가 망하되 예수의 도는 점점 떨치고 인도가 쇠잔하되 석가의 도는 더욱 일어났다. 만일 한국의 옛 교로서 자유를 허락지 않는다면 공법이 반듯이 항거하리니 또한 애달프지 않은가.

오직 크신 한님께서 밝게 아래에 다다를 것이니 한얼께 공경하면 경사로서 내리시고 한얼에게 게을리 하면 재앙으로서 내리실 것이니 원컨대 각하는 한얼의 죄인이 되지 말고 오직 이 세상의 행복을 구하시오. 철의 불초함으로 인하여 우리 한님께 욕되며 우리 종문을 더럽힘이 여기에 이르렀나이다.

철이 장차 한님 교화를 위하여 한번 죽음은 진실로 그곳에 죽음이로다. 철이 장차 한님 한배의 곁에 모시어서 반드시 중생의 선악부(善惡簿)를 살펴보고 또 만세의 공정론(公正論)을 기다리고자 하니 오직 각하는 짐작하라, 인하여 훈안을 기리노라.[1]

---

1 단재강세 4373년 병진 8월 15일 대종교 도사교 나철

11장 일본총리와 조선총독에 경고

남긴 글과 시문

'이세가'와 '생사시'

○

홍암 대종사는 1916년 54세로 순교(순국)하면서 두 수의 시문을 남겼다. 그리고 그 이전에 지은 몇 편의 시문이 전한다. 먼저 순교 직전에 지은 것으로 예상되는 「이세가(離世歌)」와 「생사시(生死詩)」이다.

이세가(離世歌)

1. 신명(神明)한 우리교는 상제(上帝)께서 세운 도통(道統)으로 신성한 나의 몸은 상제끼친 혈통으로 불쌍타 이 군생(群生)을 구하리라 건지리라 온 세상을 메고지고 늘 떠나지 말자 하였더니

   후렴

사랑도 다 믿부도다 우리형제자매들아 형제자매 모든 고통

오늘 이 목숨이 말아가니

참정성(精誠)에 큰 도 닦아

장차 고암세계(苦暗世界) 벗어나오.

2. 무상한 저세법(世法)이 우리진리 위반하여 상제께 불경하고

대종문에 불귀(不歸)하니 허다한 이 더러움 한목숨 끊어 다

씻겠다 어서가자 한울길로 우리한배 은덕 먼저 갚고.

후렴

사랑도 다 미쁘도다 우리 형제자매들아

형제자매 모든 겁액(劫厄)

오늘 이 목숨이 안고가니

참믿음에 큰 공세워

다시 신국(神國)에서 만납시다.

3. 만덕문(萬德門) 들어가서 인간선악(善惡) 여짜울 때 간사하고

악독한 자 용서없이 다스리며 정진(正眞)코 착한 사람

보전하여 다 왕성케 살벌풍진(殺伐風塵) 쓸어내고

도덕세계 새로 열어보세.

후렴

사랑도 다 미쁘도다 우리형제자매들아
오늘 이몸이 다 대신가니
한마음에 성통(性通)하여
늘이 천궁(天宮)에서 즐깁시다.

생사시(生死詩)

생사부재구각(生死不在軀殼)
사람이 살고 죽는 것은 몸에 있는 것이 아니오

신의유증신명(信義惟證神明)
신의는 오직 신명(神明)이 증거한다.

가배절(嘉俳節) 나철 홍암
유증지기 인체(遺贈知己 仁棣).[1]

---

1 강수원, 앞의 책, 238~239쪽.

'단군가'에서
홍익인간 사상을 펼치다

○

한 연구가는 나철이 "대종교를 창시한 직후에 신문에 발표한 「단
군가」에서 다음과 같이 읊었다"고 소개하고, 이어서 "단군가의
이러한 내용은 대종교도들이 단군의 정치이념을 믿어왔다는 것
을 말해준다"라면서 다음과 같이 기술한다.

　홍익인간이란 모든 사람들에게 이익이 골고루 돌아가도록 해
야 한다는 뜻을 담은 말이다. 단군이 처음으로 내놓았다는 홍익
인간 이념에는 유교의 충효사상이나 인애사상, 불교의 자비사상,
도교의 무위화사상보다 더 근원적인 인간애사상과 호혜호조사
상, 인도주의사상과 평화애호사상이 담겨져 있다고 볼 수 있다.
　이 사상은 고조선 때부터 오늘에 이르기까지 우리 민족내부에
서 면면히 이어져 내려온 민족사상의 하나이다. 우리민족이 단군

의 후손이라고 내세우고 있는 대종교도들은 단군의 홍익인간 이념을 신봉하면서 민족이 하나로 통일되어야 한다고 주장하고 있다.[21]

단군가

우리 천조(天祖) 단군께서 태백산에 강림하사
나라 집을 창립하여 우리 자손에게 주시었다
거룩하고 거룩하다 태황조의 높은 은혜 거룩하다.

모든 고난 무릅쓰고 황무지를 개척하사
양전미택(良田美宅) 터를 닦아 우리 자손들 기르셨네
잊지마세 잊지마세 태황조의 은덕 잊지마세.

모든 위험 무릅쓰고 악한중생 몰아내가
해(害) 독(毒)을 멀리하여 우리 자손을 살리셨네
잊지마세 잊지마세 태황조의 군신은공 잊지마세.

착한 도(道)를 세우시고 어진 정사(政事) 행하시와

---

2   남창룡, 『만주제국 조선인』, 80~81쪽, 신세림, 2000년.

대동산하 빛내시고 억조자손에게 복주셨네
잊지마세 잊지마세 태황조님 넓은 신화(神化) 잊지마세.

형제들아 자매들아 태황조의 자손된 자
우리 형제 자매들아 백천만겁이나 지내어도 변치마세
변치마세 태황조께 향한 은혜 변치마세.

형제들아 자매들아 배달겨레 모든 인중
우리 형제들아 자매들아 함께 지성으로 일심으로
빛내보세 빛내보세 태황조의 베푼 신교 빛내보세.[3]

---

3 『대종교 중광 60년사』, 151~152쪽

12장 남긴 글과 시문

추모와 정신계승

독립운동가 신규식
'만장'과 '애사' 지어

○

일제의 언론통제로 나철 대선사의 순국(殉教) 사실은 국내에 제대로 알려지지 않았다. 더욱이 조선총독이나 일본총리에게 보내는 글이 보도될 리 없었다. 대종교 총본사는 고인의 유언에 따라 11월 20일 백두산 기슭인 만주 화룡현 청파호 언덕에 봉장하였다. 이곳에는 뒷날 제2대 교주 무원 김교헌과 대종교인으로 무장항일운동의 정신적 지주 백포 서일의 무덤이 함께 자리잡게 됨으로써 대종교의 성지가 되었다.

　중국의 신해혁명에 참여하고 상하이에 독립운동 기지를 마련하는 등 분방하던 신규식은 나철 대선사의 순국 소식을 듣고 만장을 지었다.

전조 오백년간 무쌍의 국사요

대종교 사천년 후에 제일의 종사로다.

前朝伍百年 無雙國士

大教四天載後第一宗師.[1]

  신규식 등 독립운동가들은 순국 이듬해인 1917년 3월 15일 상하이에서 추모식을 갖고, 「애사(哀詞)」를 지어 봉송하였다. 신규식의 작품이다.

애 사

이 나라가 병듦이여

세상 도의가 어이하여 무너지는가?

아득도다 교화가 퇴폐함이여

백성들 기운이 한갓 시들기만 하도다.

천제께서 천사를 세상에 내려 보냄이여

대종교가 이에서 부활하였도다.

요기가 하늘을 뒤덮는 시대를 만남이여

---

1 『예관 신규식 전집(1)』, 263쪽.

           13장 추모와 정신계승

마의 장벽이 견고하여 깨뜨릴 수 없도다.

온갖 고난 물리치고 천겁을 지나옴이여

우리 대종교 가까스로 단예가 생겨났도다.

종사가 정성이 지극치 못하다 말하심이여

입산하여 여러 해 수도를 하시었도다.

창생의 고통을 들으심이여

목욕재계하고 사흘간 하늘에 빌었도다.

사단 촌민의 병이 다들 나음이여

함께 와서 천진을 참배하는도다.

황조께서 천지사방을 보우하심이여

신조의 교화가 서쪽에까지 미쳤도다.

고국산천으로 고개를 돌려 바라봄이여

눈앞에 호리가 종횡하는도다.

슬프다 우리 민족의 원통함을 호소함이여

해와 달도 참담하여 빛을 잃었도다.

삼성사당에 친히 나아감이여

백성 위해 속죄하고 자진하셨도다.

비보가 국내외에 전해짐이여

중추일에 망국의 한이로다.

예수의 형벌 받음과 비교함이여

그 정상이 더욱 슬프도다.

천애이역으로 망명해 사는 우리들이여
그 슬픈 소식을 접하고 통절하였도다.
대종교의 중흥이 채 이뤄지지 않음이여
우리 종사의 역책이 어찌 이리 빠르뇨?
뒤에 죽을 우리들 의지할 곳 없음이여
선가를 바라보며 뒤따라 오를 수 없도다.
겨레의 기상이 아직 사그라지지 않음이여
선생의 뜻 이을 자 적지 않으리라.
하늘의 영령께서 도우심이여
우리나라가 힘입어 광복되리라.
백두산이 숫돌처럼 동해가 띠처럼 됨이여
영혼이 천고토록 불멸함이여!
오셔서 애사를 들으심이여
온 천하가 한 소리로 통곡하는도다.[2]

---

2   앞의 책, 265~267쪽.

13장 추모와 정신계승

순국 이듬해 추모식 갖고 추모사

○

나철 대종사의 순국 이듬해인 1917년 3월 15일 상하이에 거주하는 대종교 교도들과 독립운동단체 동제사 사원 및 유학생들이 연합하여 추도식을 거행하였다. 다음은 이때 낭송된 신규식의 「홍암 선생 추도문」이다.

홍암 선생 추도문

높고 높은 태백산의
거룩하신 신조여!
바람 우레 거느리고
강림하사 민목이 되셨도다.
삼경 오도와

구구 백족에,

뉘 감히 우리보다 우월하랴

천부인 손에 쥐고 있으셨네.

상서 구름 졸본에 비꼈고

꽃은 사비(泗沘)에 다복 피어,

길이 다스려서 크게 편안하고

교화가 먼 곳까지 미치었도다.

어찌하여 세대가 멀어졌는가

운명이 골짝인 양 추락하고,

요귀와 두억시니들이

뒤섞여 모여들었도다.

선진 사람들이

계몽하고 선하게 하였지만,

금성에는 달이 이지러지고

송경에는 잡초만 무성하였도다.

신조의 말씀은 촛불 같건만

시국이 강폭하게 변했도다.

하늘의 덕은 어둡지 않아

옛 운이 여기에 돌아와,

선생 같은 철인을 내시어

난세의 광란을 막게 하였도다.

13장 추모와 정신계승

거듭 하늘을 여시어

신령한 상자를 여셨도다.

남강에서 첫걸음 떼어

북륙까지 명성을 떨쳤도다.

무리들 와서 하수를 들이켜니

한 되 내지 한 섬이라.

우리는 부여의 후예이고

발해의 백성들이라.

꿈에서 막 깨어난 듯이

단목 아래 모여들었다.

대명천지에 밝게 드러나

바퀴살 모이듯 몰리었도다.

수레 길처럼 앞길 열리고

비로소 기반을 다져냈도다.

봄의 음기 단단터니

양기가 발하기 시작했도다.

일만 군중 머리 나란히 하고

눈 씻고 광휘로움 바라보았도다.

슬피 울부짖어도 따라갈 수 없는데

느닷없이 고복 소리 들이었네.

도는 하늘과 사람에 가득하건만

세운은 말세에 이르렀도다.

살신성인함이 마땅하거늘

뒤에 죽는 게 무슨 복이 되랴?

문무대왕은 용이 되었고

동명성왕은 사슴을 매달았도다.

일편단심 쏟은 정성에

만민이 함께 통곡하는도다.

순명삼조와 유서는

정녕코 반복하며 새기리다.

상제에게 교도 위해 빌었고

위독한 이들을 부탁하였도다.

그런 중에 난세를 가슴아파 하여

피를 뿌리고 살점을 날렸도다.

이웃나라와 원수 맺음을 일갈하니

독사보다 심했도다.

혼란이 극심함을 탄식하니

백성은 새는 집에 있는 꼴이었다.

겁망은 거듭거듭 처지고

도검이 빽빽하였도다.

적들이 성과를 거두지 못하니

마귀처럼 날뛰었도다.

13장 추모와 정신계승

유유한 이 세상에

예 오는 이 그 누구뇨?

우뚝한 삼위태백은

신광이 감싸는도다.

천경의 옛터가 있으니

빛나는 산기슭에 있도다.

기린 타고 하늘에 오르면

일백 신령들 와서 받들리라.

바라노니 상제에게 호소하여

우리들을 다시 살게 하소서.

나라는 반석에 돌아오고

도는 아침 해처럼 빛나게 하소서.

천 만 년 동안 계시기를

거친 제물 갖추고 비옵니다.

제단 앞에서 통곡하니

한 움큼 피눈물을 뿌리옵니다.[3]

---

3 앞의 책, 264~265쪽.

서훈 상향과 유해 봉환했으면

○

홍암 나철 선생의 생애와 신앙, 사상을 짚어보는 평전을 마무리할 즈음에 백두산 북쪽 기슭 청파호 언덕에 자리잡은 묘소를 찾을 계획이었다. 이곳에는 민족사학의 개척자이기도 하는 2대 교주 김교헌 선생과 무장항일 독립전쟁의 기수인 3대 교주 서일 선생이 묻혀 있다. 그러니까 민족종교 대종교 3종사가 안장된 성역이다.

뜻밖에 확산된 코로나19 사태로 중국행이 무산되고 말았지만 기회가 되면 꼭 한 번 찾고 싶은 곳이다. 아울러 이 기회에 정부 당국에 제안하고자 한다.

나철, 김교헌, 서일 선생은 대종교의 종사(倧師)이기도 하지만, 독립운동의 빼어난 지사들이다. 과거 정부는 해외에 묻혀 있는 임시정부 요인들을 포함 독립운동가들의 유해를 고국으로 봉환

홍암 나철 '건국공로훈장증'_출처 대종교 총전교 박민자(홍암 나철 대종사 종손부)

하였다. 문재인 정부도 카자흐스탄에 안장된 홍범도 장군의 유해를 봉환하고자 했으나 코로나 사태로 유예돼 있는 상태이다.

그렇다면 중국 정부와 협의하여 세 분의 유해를 봉환하여 뒤늦게나마 고국에서 영원한 안식에 들게 할 수는 없을까. 중국도 일제침략기 조선의 항일투사들의 귀환을 반대하지 않을 것이다.

아울러 1962년에 홍암 선생에게 추서된 대한민국 건국훈장 국민장은 민족사에 끼친 영향과 남긴 업적에 비해 등급이 크게 미흡하지 않는가 싶다. 이 기회에 상향 조정하여 역사정의를 실현했으면 한다.

나철 선생의 생애를 되짚어 보면 최초의 외교독립운동, 을사5

적 처단을 목표로 시작한 최초의 의열투쟁, 항일구국운동, 국치·
국망기에 국내외에서 펼친 독립운동, 그리고 단군을 구심점으로
하는 대종교 중광과 이를 민족사관으로 잇도록 하는 국학운동
등은 어느 독립운동가에 못지 않다. 선생은 앞을 꿰뚫는 통찰력
에도 선각이었다.

순국(순교)를 앞두고 만주의 청파호 대종교 총본사에서 개천절
대제의 봉행에 참여했던 독립운동가 남파 박찬익이 하직 인사를
올릴 때 시 한 수를 적어주었다. 한자로 된 이 시는 을유년 광복
을 정확히 예언하고 있었다.

鳥鷄七七 日落東天
黑狼紅猿 分邦南北
赤靑兩陽 焚蕩世界
天山白陽 旭日昇天
食飮赤靑 弘益理化

한글로 풀이하면 다음과 같다.

을유년 8월 15일에 일본이 패망하고
소련과 미국이 나라를 남북으로 분단하도다
공산주의와 외래종교가 민족과 국가를 망치고

13장 추모와 정신계승

공산·자유의 극한대립이 세계를 파멸할지나

마침내 백두산의 밝달도가 하늘 높이 떠올라

공산·자유의 대립파멸을 막고 지상천국을 건설하리라. (신철호
저,『한국중흥종교 교조론』, 대종교 총본사, 1979.)

　홍암 나철 선생의 순국 105년이 되었다. 100년의 세월에도 선
생께서 뿌린 대종교의 씨앗은 아직도 성장이 지체되고 있다. 연
구자도 드물고 물적 기반이 없는 선생의 기념사업도 힘겹다. 우
리나라 민족운동사의 한 단면을 드러내는 듯하여 가슴 아픈 현
실이 아닐 수 없다.

　독립운동사 연구의 석학 박성수 교수는 현대 100년사에서 "영
향력이 크면서 기억해야 할 인물 1위"로 홍암 나철 선생을 꼽았
다.

　무릇 우리나라의 독립운동은 전쟁, 외교, 의열, 정신문화운동,
그리고 자결 순국이라는 여러 방법으로 전개되었다. 나철은 이
모든 방법을 다 써서 독립운동을 전개하였으니 가히 독립운동의
화신이요, 선각자요, 아버지라 할 수 있을 것이다.(『나철』, 뒷표지 글)

　홍암 나철 선생은 이성과 양식이 제자리에 설 수 없는 국치·
망국기에 지칠 줄 모르는 민족적 양심과 굴하지 않는 신념으로

시대적 소명을 다하였다. 큰 울림이나 유창한 언변이 아니라 내면에 담긴 조용한 확신으로 자신에게 진실했고, 다른 사람에게 거짓되지 않았다. 그래서 난세에도 일급의 인재들이 그의 곁에 모여들었다. 지극히 순수하고 순백한, 후대에 찾기 어려운 복합적이고 단백한 분이었다.

참고로 홍암 선생의 가계를 간략히 소개한다.

아버지 나용집은 1840년 1월 7일 출생, 48세이던 1897년 3월 15일 별세하고, 어머니 청주 한씨는 1837년 9월 7일 출생, 46세이던 1883년 1월 10일 별세하였다. 홍암 선생의 부인 여산 송씨는 1864년 1월 16일 출생, 37세이던 1900년 11월 6일 별세하였다. 부인과 사별 후 줄곧 독신으로 지냈다. 두 분 사이에 아들 다섯으로 정련, 정문, 정채, 정강, 정기와 딸 하나를 두었다.

부록1

대종교의 '대한독립선언서'

○

일제강점기에 가장 먼저 발표된 독립선언서는 1919년 1월 만주와 해삼위를 중심으로 당시 해외에 나가 있던 저명인사 39인이 서명한 '대한독립선언서'이다. '무오독립선언서'로도 불리고, 대종교 인사들이 다수 참여한 까닭에 '대종교독립선언서'로도 불리는 독립선언서다. 선언을 한 장소가 당시 만주의 대종교 총본사였다.

여기에는 김동삼, 김교헌, 박찬익, 김학만, 김좌진, 박은식, 신채호, 윤세복, 정재관, 이범윤, 신규식, 이시영, 이상룡, 이학만, 유동열, 이광, 안정근, 이대위, 최병학, 이동휘, 박용만, 이동녕, 조소앙, 여준, 손일민 등이 서명했는데, 상당수가 대종교 계열의 인사들이다.

'대종교선언서'는 먼저 우리 대한은 완전한 자주 독립국임과

무오독립선언서

자립국임을 선포하고 우리 대한은 타민족의 대한이 아닌 우리
민족의 대한이며, 우리 한토(韓土)는 완전한 한인의 한토이니, 우
리 독립은 민족을 스스로 보호하는 정당한 권리를 행사하는 것
이지 결코 사원의 감정으로 보좌하는 것이 아님을 선언하였다.

　무릇 독립선언서라 함은 글을 모르는 자가 들어도 독립을 하
여야 하는 당위성을 알 수 있도록 하여야 한다. 그런 면에서 친일
로 변절한 육당 최남선이 자신의 문장력을 과시하기 위해 작성
한 기미독립선언서와는 다른 면이 있다. 일제강점기 3대 독립선
언서인 무오독립선언(소앙 조용은), 2·8독립선언(춘원 이광수), 기미
독립선언(육당 최남선) 중 친일 반민족행위자가 작성하지 않는 독

립선언서는 무오독립선언서가 유일하다.

무오독립선언서 전문

우리 대한 동족 남매와 온세계 우방 동포여!

우리 대한은 완전한 자주독립과 신성한 평등복리로 우리 자손 여민(黎民: 백성)에 대대로 전하게 하기 위하여, 여기 이민족 전제의 학대와 억압을 해탈하고 대한 민주의 자립을 선포하노라.

우리 대한은 예로부터 우리 대한의 한(韓)이요, 이민족의 한(韓)이 아니라, 반만년사의 내치외교(內治外交)는 한왕한제(韓王韓帝)의 고유 권한이요, 백만방리의 고산(高山) 려수(麗水)는 한남한녀(韓男韓女)의 공유 재산이요, 기골문언(氣骨文言)이 유럽과 아시아에 뛰어난 우리 민족은 능히 자국을 옹호하며 만방을 화합하여 세계에 공진할 천민(天民)이라, 우리나라의 털끝만한 권한이라도 이민족에게 양보할 의무가 없고, 우리 강토의 촌토라도 이민족이 점유할 권한이 없으며, 우리나라 한 사람의 한인(韓人)이라도 이민족이 간섭할 조건이 없으니, 우리 한(韓)은 완전한 한인의 한(韓)이라.

슬프도다, 일본의 무력과 재앙이여. 임진 이래로 반도에 쌓아 놓은 악은 만세에 엄폐치 못할지며, 갑오 이후 대륙에서 지은 죄는 만국에 용납지 못할지라. 그들이 전쟁을 즐기는 악습은 자보

(自保)니 자위(自衛)니 구실을 만들더니, 마침내 하늘에 반하고 인도에 거스르는 보호·합병을 강제하고, 그들이 맹세를 어기는 패습은 영토니 문호니 기회니 구실을 거짓 삼다가 필경 불의로운 불법의 밀관협약(密款脅約)을 강제로 맺고, 그들의 요망한 정책은 감히 종교와 문화를 말살하였고, 교육을 제한하여 과학의 유통을 막았고, 인권을 박탈하며 경제를 농락하며 군경(軍警)의 무단과 이민이 암계(暗計)로 한족을 멸하고 일인을 증식[滅韓殖日]하려는 간흉을 실행한지라.

적극적, 소극적으로 우리의 한(韓)족을 마멸시킴이 얼마인가.

십년 무력과 재앙의 작란(作亂)이 여기서 극에 이르므로 하늘이 그들의 더러운 덕을 꺼리시어 우리에게 좋은 기회를 주실 새, 우리들은 하늘에 순종하고 인도에 응하여 대한독립을 선포하는 동시에 그들의 합병하던 죄악을 선포하고 징계하니,

1. 일본의 합방 동기는 그들의 소위 범일본주의를 아시아에서 실행함이니, 이는 동아시아의 적이요,

2. 일본의 합방 수단은 사기강박과 불법무도와 무력폭행을 구비하였으니, 이는 국제법규의 악마이며,

3. 일본의 합병 결과는 군경의 야만적 힘과 경제의 압박으로 종족을 마멸하며, 종교를 억압하고 핍박하며, 교육을 제한하여 세계 문화를 저지하고 장애하였으니 이는 인류의 적이라,

그러므로 하늘의 뜻과 사람의 도리[天意人道]와 정의법리(正義法理)에 비추어 만국의 입증으로 합방 무효를 선포하며, 그들의 죄악을 응징하며 우리의 권리를 회복하노라.

슬프도다, 일본의 무력과 재앙이여! 작게 징계하고 크게 타이름이 너희의 복이니 섬은 섬으로 돌아가고, 반도는 반도로 돌아오고, 대륙은 대륙으로 회복할지어다.

각기 원상(原狀)을 회복함은 아시아의 바램인 동시에 너희도 바램이러니와, 만일 미련하게도 깨닫지 못하면 화근이 모두 너희에게 있으니, 복구자신(復舊自新)의 이익을 반복하여 알아듣게 타이를 것이다.

보라! 인민의 마적이었던 전제와 강권은 잔재가 이미 다하였고, 인류에 부여된 평등과 평화는 명명백백하여, 공의(公義)의 심판과 자유의 보편성은 실로 광겁(曠劫)의 액(厄)을 크게 씻어내고자 하는 천의(天意)의 실현함이요, 약국잔족(弱國殘族)을 구제하는 대지의 복음이라.

장하도다, 시대의 정의여. 이때를 만난 우리는 함께 나아가 무도한 강권속박(强權束縛)을 해탈하고 광명한 평화독립을 회복함은, 하늘의 뜻을 높이 날리며 인심을 순응시키고자 함이며, 지구에 발을 붙인 권리로써 세계를 개조하여 대동건설을 협찬하는 소이로서 우리 여기 2천만 대중의 충성을 대표하여 ,감히 황황일신(皇皇一神)께 분명히 알리고[昭告] 세계 만방에 고하오니, 우리 독립은 하늘과 사람이 모두 향응[天人合應]하는 순수한 동기로 민족자보(民族自保)의 정당한 권리를 행사함이요, 결코 목전의 이해[眼前利害]에 우연한 충동이 아니며, 은혜와 원한(恩怨)에 관한 감정으로 비문명한 보복수단에 자족한 바가 아니라, 실로 항구일관(恒久一貫)한 국민의 지성이 격발하여 저 이민족으로 하여금 깨닫고 새롭게 함[感惡自新]이며, 우리의 결실은 야비한 정궤(政軌)를 초월하여 진정한 도의를 실현함이라.

아! 우리 대중이여, 공의로 독립한 자는 공의로써 진행할지라, 일체의 방편[一切方便]으로 군국전제를 삭제하여 민족 평등을 세계에 널리 베풂[普施]지니 이는 우리 독립의 제일의 뜻[第逸意]이요, 무력 겸병(武力兼倂)을 근절하여 평등한 천하[平均天下]의 공도(公道)로 진행할지니 이는 우리 독립의 본령이요, 밀약사전(密約私戰)을 엄금하고 대동평화를 선전(宣傳)할지니 이는 우리 복국의 사명이요, 동등한 권리와 부[同權同富]를 모든 동포[一切同胞]에게 베풀며 남녀빈부를 고르게 다스리며, 등현등수(等賢等壽)로 지우노유(知愚老幼)에게 균등[均]하게 하여 사해인류(四海人類)를 포용[度]할 것이니 이것이 우리 건국[立國]의 기치(旗幟)요, 나아가 국제불의(國際不義)를 감독하고 우주의 진선미를 체현(體現)할 것이니 이는 우리 대한민족의 시세에 응하고 부활[應時復活]하는 궁극의 의의[究竟義]니라.

아, 우리 마음이 같고 도덕이 같은[同心同德] 2천 만 형제자매여! 우리 단군대황조께서 상제(上帝)에 좌우하시어 우리의 기운 (機運)을 명하시며, 세계와 시대가 우리의 복리를 돕는다.

정의는 무적의 칼이니 이로써 하늘에 거스르는 악마와 나라를 도적질하는 적을 한 손으로 무찌르라. 이로써 5천 년 조정의 광휘(光輝)를 현양(顯揚)할 것이며, 이로써 2천 만 백성[赤子]의 운명을 개척할 것이니, 궐기[起]하라 독립군! 제[齊]하라 독립군!

천지로 망(網)한 한 번 죽음은 사람의 면할 수 없는 바인 즉 개, 돼지와도 같은 일생을 누가 원하는 바이리오. 살신성인하면 2천 만 동포와 동체(同體)로 부활할 것이니 일신을 어찌 아낄 것이며, 집안이 기울어도 나라를 회복하면 3천리 옥토가 자가의 소유이니 일가(一家)를 희생하라!

아, 우리 마음이 같고 도덕이 같은 2천만 형제자매여! 국민본령(國民本領)을 자각한 독립임을 기억할 것이며, 동양평화를 보장하고 인류평등을 실시하기 위한 자립인 것을 명심할 것이며, 황천의 명령을 크게 받들어(祇奉) 일절(一切) 사망(邪網)에서 해탈하는 건국인 것을 확신하여, 육탄혈전(肉彈血戰)으로 독립을 완성할지어다.

단군기원 4252년 2월

김교헌(金敎獻) 김규식(金奎植) 김동삼(金東三) 김약연(金躍淵) 김좌진(金佐鎭) 김학만(金學滿) 여 준(呂 準) 유동열(柳東說) 이 광(李

光) 이대위(李大爲) 이동녕(李東寧) 이동휘(李東輝) 이범윤(李範允) 이봉우(李奉雨) 이상룡(李相龍) 이세영(李世永) 이승만(李承晚) 이시영(李始榮) 이종탁(李鍾倬) 이 탁(李 鐸) 문창범(文昌範) 박성태(朴性泰) 박용만(朴容萬) 박은식(朴殷植) 박찬익(朴贊翼) 손일민(孫一民) 신 정(申 檉) 신채호(申采浩) 안정근(安定根) 안창호(安昌浩) 임 방(任 堉) 윤세복(尹世復) 조용은(趙鏞殷) 조 욱(曺 煜) 정재관(鄭在寬) 최병학(崔炳學) 한 흥(韓 興) 허 혁(許 爀) 황상규(黃尙奎)

무오독립선언 연서자들은 의병활동을 지원하고 항일독립운동의 서막을 연 연해주 지역의 인사들을 중심으로 해외의 모든 독립운동가들이 뜻을 모은 독립선언문이다.

무오독립선언을 통해 독립을 쟁취하기 위한 수단으로 일본에 대해 결사항전과 강력한 무장 투쟁을 선언했습니다. 비폭력평화항전을 선언한 기미독립선언문과 다른 점이다. 대종교의 기록에 따르면 무오독립선언문은 춘원 이광수를 통해 일본의 유학생들에게 전해졌고, 이로 인하여 일본에서 2·8독립선언이 있게 된다. 2·8독립선언서는 춘원 이광수가 기초했고, 그 후 3·1 기미독립선언(육당 최남선이 기초)으로 이어지니 최초의 독립선언서로서의 의미가 깊다 할 것이다.

무오독립선언 연서자들 대부분이 독립운동사에서 지대한 업적을 남긴 핵심적 독립운동가들이다. 무오독립선언 연서자들 대부분이 대한민국 임시정부를 주도하였다. 무오독립선언이 국내의 기미독립선언에 비해 덜 알려져 있으나, 가장 앞선 독립선언이며, 연서자들의 활동상과 공헌이 저평가되었다. 3·1기미독립선언에 참여한 민족대표 33인 중 조국 광복을 본 사람은 15인인데 비해, 평균연령이 5세나 적은 무오독립선언 연서자들은 39인중 불과 11명만이 광복을 맞았습니다. 무오독립선언 연서자들이 조국 광복을 위해 얼마나 치열하게 투쟁했는지를 알 수 있다.

그들은 독립의 선언에 그치지 않고, 연서자들이 중심이 되어 노령에서 대한국민의회, 상해의 대한민국 임시정부, 한성의 한성임시정부 등의 망명정부를 수립하는 등 구체적 행동으로 연결되었다는 데 의미가 있다.

선언서는 일본의 병탄수단은 사기와 강박과 무력폭행 등에 의한 것이므로 무효이니, 섬은 섬으로 돌아가고 반도는 반도로 돌아오고, 대륙은 대륙으로 회복하라고 촉구했다. 또 2천 만 동포들에게 국민된 본령이 독립인 것을 명심하여 육탄혈전함으로써 독립을 완성할 것을 촉구하였다.

조소앙이 집필한 이 선언서의 특징은 한국병탄의 무효를 선언하고, "섬은 섬으로 돌아가고 반도는 반도로 돌아오게 할 것"을 촉구하였다는 점이다. 대종교 독립선언서를 필두로 2·8독립선언서, 3·1독립선언서 등 독립선언서가 봇물처럼 쏟아지면서 항일투쟁의 절정을 이루었다. 1919년에 발표된 2·8독립선언, 기미독립선언 어디에도 '육탄혈전'을 촉구하는 내용은 찾을 수 없다.

대종교도들은 동포교육과 민족혼의 계승운동에만 만족하고 있었던 것은 아니다. 무장독립단체를 조직하고 항일무장투쟁에 직접 참가하였다. 대종교 지도자 중 서일, 홍범도, 김좌진, 윤세복, 김혁, 이상용 등 독립운동지도자들은 북로군정서, 대진단, 대한독립단, 흥업단 등을 조직하고 다른 무장단체와 연합하여 봉오·청산리대첩을 이루었다. 일제강점기에 최대의 전승인 봉오동, 청산리대첩은 대종교도들이 주축을 이루어 해낸 쾌거였다.

대종교가 무장투쟁의 전개과정에서 보여준 살신성인, 선공후사, 진충보국, 일기당천의 정신 속에는 단군을 국조로 하는 민족정통의 종교적 배경이 크게 작용했던 것으로 평가된다.

안화춘(연변사회과학원 역사연구소) 교수는 대종교의 항일구국운동을 크게 세 가지로 종합하였다.

첫째는 조선인의 민족정신, 단군을 중심으로 한 민족정신을 배양하고, 일제의 문화침략에 대항하여 조선민족의 독립을 이룩하여, 이상국가인 배달국가를 재건하려는 것.

둘째는 대종교도가 주체가 되어 반일 무장단체를 조직하여 일제와 직접 무력항쟁을 전개한 것.

셋째는 일제식민지통치에서 민족사관을 정립하여 조선역사의 맥을 이은 것이다.

우리 독립운동사에서 대종교의 역할은 아무리 강조해도 모자라지 않을 것이다. 그 정신과 혼맥의 원류에 홍암 나철 선생이 존재한다.

대종교와 개천절(開天節)

○

개천절은 한 옛적[上元甲子] 10월 3일에 한얼사람께서 홍익인간 이화세계를 이룩하시고자 한울문을 열으사 백두천산(白頭天山)에 내려오신 개천일(開天日)이며, 모든 백성들의 추대로 임금이 되신 개국일(開國日)이며, 온갖 인간이 비로소 혜안(慧眼)이 열린 신앙의 원천일(源泉日)이며, 온 백성이 비로소 인간으로서의 생명력을 지니게 된 날이다. 이 겨레는 홍익인간의 대 이념으로 경천사상(敬天思想)이 뿌리내려 하늘에 경배하는 제천의식(祭天儀式)을 소중히 간직해 왔다. 따라서 하느님을 친아버지처럼 공경하며 조상을 정중히 받들고 사람을 귀히 여기는 겨레가 되어 천손·천민(天孫·天民)임을 자랑으로 삼아 민족윤리(民族倫理)를 확립하고 충효사상(忠孝思想)도 이에서 가지 쳐 낳았다. 이 거룩한 개천절을 옛부터 상달상날[上月上日]이라 높이어 부르며 노래와 춤 등 각종 경기를 여러 날 벌이어 국민 대단합의 계기로 삼았다.

이 행사를 옛 부여(扶餘)에서 영고(迎鼓)라 하였고, 예와 맥에서는 무천(舞天)이라 하였고, 삼한(三韓)에서는 계음(禊飮)이라 하였고, 고구려에서는 동맹(東盟)이라 하였고, 백제에서는 교천(郊天)이라 하였고, 신라와 고려에서는 팔관회(八關會)라 불러 거국적인 제천의식에 따르는 대축제를 벌였다. 그러나 고려 중엽부터 외세의 침입으로 민족 신앙이 흐려지고 조선왕조에 와서는 "고삿날"이라 하여 민속화된 형태로 겨우 그 명맥을 유지하였다. 단기 4242년(1909년)에 대종교의 중광(重光)과 더불어 개천절이라 명명하여 복원되었으나 일제의 탄압으로 대종교는 만주(중국 대륙)로 망명했다.

단기 4252년(1919년, 己未年) 중국 상해(上海)에서 수립된 대한민국 임시정부가 국경일로 정하여 대종교와 함께 국외에서나마 조국 광복을 다지면서 해마다 경축하였다.

광복 후 단기 4281년(1948년)에 국내에서 정부 수립과 동시에 계속하여 국경일로 정착되었다. 우리나라 4대 경절 가운데 민족 고유의 명절은 개천절 뿐이다. 다른 세 경절(三一節, 制憲節, 光復節)은 일제로 인하여 생겨난 것이다. 이 거룩한 개천절을 높이 받들어 경축하는 것은 겨레의 뿌리사상을 찾고 한배검을 구심점으로 주체성을 확립함에 있다. 단일 민족으로 남북 평화 통일의 원동력도 여기에서 근원된다. 거듭 배달 겨레 최대의 명절로 옛 선조들의 영광된 모습을 되찾아야 할 것이다. 이렇게 유서 깊은 고유한 명절은 외국인에게도 반드시 홍보되고 자랑해야 할 우리 민족의 역사적인 유풍(遺風)이다.

일제강점기,
각 종교의 친일행각

○

실제로 일제 강점기 때 종교들은 어떠했을까? 그 당시 그들은 이
땅의 민초들에게 어떤 희망의 언어를 전했을까? 아니면 그들은
어떤 모습으로 그 시대를 살고 있었을까? 특히 종교와 그 지도자
들은?

실제를 보면 매우 비참하다. 일제 때 여러 종교의 지도자들이
보인 태도는 비굴하다 못해 염치없을 정도이다. 개신교의 경우는
매우 적극적으로 일본 편에 서 있었다. 당시 조선예수교 장로회
에서는 중일전쟁이 난 이후에 수많은 강연회와 구국기도회를 통
해 거액의 헌금을 모금하고, 그 돈으로 비행기와 군함을 구입하
여 일본에 헌납하였다. 그리고 신사참배를 국민의례의 하나로 인
정하여 적극 홍보하며 참석하였고, 그 중 몇몇 지도자들은 친히
일본으로 날아가 그곳 야스쿠니 신사에서 직접 참배를 하고 돌

아오기까지 하였다. 이름만 대면 다 알 수 있을 정도의 명망 있는 종교지도자들이 보여줬던 친일행각이다. 하지만 그에 대한 제대로 된 사과나 반성이 있었는지는 분명하지 않다.

1942년 4월 조선의 교회가 일제에 헌납한 교회 종은 1,540개였다. 일부가 아니라 일제강점기 대부분의 교회의 종이 헌납됐다. 일제가 강제로 빼앗은 것이 아니라 개신교가 스스로 갖다 바친 것이다. '국민총력조선예수교장로회 총연맹'은 전국 교회에 '헌종 보고서 독촉의 건'이라는 공문을 보냈다. 헌납한 교회 종과 미납된 교회 종 숫자를 파악해 헌납을 강요하려는 목적이었다. 일제강점기 조선의 개신교는 '조선장로교도애국기헌납기성회'를 조직해 1942년 2월 10일 '전투기 1대와 육전기관총 7정'의 자금으로 15만 317원 50전을 헌납했다.

1944년 4월 15일 〈기독교신문〉은 '거듭 보국기 헌금운동에'라는 사설에서 '비행기 헌금을 만든다고 하면서 교회 재산을 팔아 버린 후 목사 퇴직금이나 주택이니 무슨 경비니 이름 지어서 다 제하고 나머지 부스러기만 비행기 헌금을 내놓는 것은 반대한다'며 국가에 모든 재산을 바쳐야 한다고 했다. 일제강점기 놋그릇과 솥단지를 뺏긴 조선인도 있었지만, 개신교는 목사들이 자발적으로 무기를 만들 수 있도록 교회 종을 헌납했다. 교인들의 헌금을 전투기 헌납을 위해 갖다 바친 것도 모자라, 아예 교회 재산을 헌납하기 위해 교회 병합 운동도 벌였다.

- 1938년 장로회 총회를 앞두고 일제가 내건 조건 -

1. 총회에 출석하면 신사참배가 죄가 아니라는 것을 동의할
   것.
2. 신사참배 문제가 상정되면 침묵을 지킬 것.
3. 위 두 조건을 실행할 의사가 없으면 총대를 사퇴하고 출석
   치 말 것.

1938년 9월 일제는 신사참배를 통과시키기 위해 장로회 총회
에 참석하는 총대에게 위의 3개 조건 중 하나를 택일하고, 조건
에 불응하면 구속·투옥시킨다고 했다. 만약 총회에서 신사참배
를 통과시키기 싫었다면 아예 총대를 사퇴하고 출석하지 않았으
면 되었으나 당시 장로회 총회에 참석한 목사들은 신사참배가
죄가 아니라는 동의를 하기 위해 출석했다.

가톨릭의 경우는 말할 것도 없다. 일제 때 가톨릭은 철저히 친
일에 가담하였다. 심지어 많은 종교 지도자들이 가담했던 삼일운
동에도 전혀 관여하지 않았다. 아니 되려 이 독립운동의 의미를
축소·폄훼하기까지 했다. 당시 서울교구장이었던 뮈텔 주교와
대구교구장이었던 드망즈 주교는 다음과 같은 발언으로 삼일운
동에 대한 한국 가톨릭의 입장을 깔끔히 정리하고 있다.

"우리 천주교인들은 이 운동에 가담하지 않음으로써 기존 정부에 대한 충성의 모범을 보였다."(뮈텔 주교)

"일본 정부는 합법적 정부이므로 우리 가톨릭은 카이사르의 것은 카이사르에게 바쳤다."(드망즈 주교)

물론 당시 한국 가톨릭이 주로 외국인 선교사들에 의해 주도되고 있었다는 것도 일제에 대한 태도에 어느 정도 반영되어 있긴 할 것이다. 앞서 언급한 저 두 주교의 발언은 그들이 속한 국가(프랑스)의 일본에 대한 입장과 같은 선 위에 있었던 것이기 때문이다.

뮈텔 신부는 안중근 의사의 일화에 한 번 더 등장한다. 안중근 의사가 처형 직전 종부성사를 청하자 당시 조선교구장이었던 뮈텔 신부는 단칼에 거절해 버린다. 그는 안중근 의사를 가톨릭 신자로 받아들이지 않았고, 후에는 안 의사의 종부성사를 집행한 신부를 '성무집행정지처분'까지 내려버린다. 여러 주도적 위치에 있던 신부들의 신사참배는 개신교와 크게 다르지 않았다. 그리고 일본의 전쟁 열병이 한창일 때는 대대적인 모금행사를 통해 비행기 2백여 대를 구입할 수 있는 정도의 금액을 모아 헌납하기까지 하였다.

이런 친일 행각은 불교도 크게 다르지 않았다. 불교 역시 대동아 전쟁이 발발하자 조계종 산하 전국 사찰에 일본의 전승을 위한 기도법회를 열도록 재촉하였고, 또 무기구입을 위한 모금에도 열을 내었다. 그리고 이런 행사에 적극 나섰던 인사들이 이후 조계종의 주요한 자리를 차지하였고, 심지어 동국대의 총장에 오르기까지 하였다.

동학 역시 친일의 아픈 흔적이 남아 있다. 바로 이용구가 이끌었던 일진회다. 최초에는 독립협회 관련자들이 주도하여 유신회의 후신으로 설립되었지만, 러·일전쟁 이후 일제로부터 자금 및 조직 지원을 받으면서 철저한 친일 조직으로 탈바꿈되어 갔다. 결국 동학은 일진회 때문에 이름을 천도교로 바꾸어야만 했고, 이후 교단 분열의 구렁텅이로 빠져들어갔다.

유교는 말할 것도 없다. 일제는 합방에 일정 부분 협력한 적이 있는 관료요원에게는 작위를 부여하고 '은사공채'(恩賜公債)를 주어 그 이자로 여생을 편히 살 수 있도록 해 주었다. 그 외에도 친일파 양성책의 하나로 귀족이나 공로자의 유족들, 그리고 이전 조선정부의 관리 총 3,638명에게는 8,246,800원의 은사금(恩賜金)을 주었고, 전국 각지의 양반 유생 12,115명에게는 300,000원으로 분배하였다. 일제 초기 1원은 순금 두 푼(750mg) 정도였다고 한다. 이를 지금의 화폐가치로 환산하면 대략 1만 원 정도이니, 일제가 뿌린 금액의 규모가 어떠했는가를 가늠할 수 있을 것이다. 이러한 일본의 회유에 넘어가지 않은 유생이라야 황현(黃玹, 1855-1910)을 위시해 을사늑약에 비통해 자살한 20여 명이 전부였다.

그때 일제가 나눠주던 은사금을 받고자 했던 유교 식자층들로 인해 서울로 가는 모든 길이 북새통을 이뤘을 정도였다고 하니, 당시 유교 식자들의 민족의식도 참담할 지경이라 하겠다. 그리고 그들의 후손들은 그때 받은 돈과 토지 등을 기반으로 해방 이후 우리 사회의 주도층이 되어 갔다. 그러나 그들 중 어느 누구도 역사와 민족 앞에 진정어린 사과를 했다는 소리는 제대로 들어보지 못했다.

일제강점기 때 종교로서 독립운동을 주도했던 세력은 홍암 나철(1863~1916) 선생이 중광한 대종교뿐이다. 나철 선생은 과거에 장원 급제한 엘리트로서 국가의 패망과 주권의 손실을 민족정신을 구심삼아 회복하려고 하였다.

당시 많은 독립을 희구하던 엘리트들이 대종교 운동에 동참하였고, 이들을 중심으로 집중도 있는 독립운동이 펼쳐지기도 하였다. 하지만 지금의 대종교는 존재 자체가 너무도 미미하다. 대종교인들은 자신들의 모든 재산과 미래를 항일 독립운동에 바쳤고, 이후 해방 후 반민특위 실패 등 친일청산이 이루어지지 않아 되려 그 후손들이 빈민층으로 전락하여 제대로 된 고등교육을 받지 못해 그 여파가 지금에 이르고 있다.

참고로 민족문제연구소가 발표한 친일인사는 총 4,776명으로 종교계는 202명이었으나 대종교는 단 한 사람도 없다.

개신교/56명

갈홍기(葛弘基) 강도원(姜道元) 곽진근(郭璡根) 구연직(具然直) 구자옥(具滋玉) 김관식(金觀植) 김길창(金吉昌) 김수철(金洙喆) 김영섭(金永燮) 김우현(金禹鉉) 김응순(金應珣) 김응태(金應泰) 김인영(金仁泳) 김종대(金鍾大) 김진수(金珍洙) 김형숙(金瀅叔) 김활란(金活蘭) 남천우(南天祐) 박마리아(朴瑪利亞) 박연서(朴淵瑞) 박현명(朴炫明) 변홍규(卞鴻圭) 송창근(宋昌根) 신후식(申厚植) 신흥우(申興雨) 심명섭(沈明燮) 양주삼(梁柱三) 오문환(嗚文煥) 유각경(兪珏卿) 유일선(柳一宣) 유재기(柳載奇) 윤치소(尹致昭) 윤치영(尹致暎) 윤치호(尹致昊) 윤하영(尹河英) 이동욱(李東旭) 이명직(李明稙) 이문주(李文主) 이용설(李容卨) 임학수(林學洙) 장기형(張基衡) 장운경(張雲景) 장홍범(張弘範) 전필순(全弼淳) 정상인(鄭尙仁) 정순모(鄭順模) 정인과(鄭仁果) 정춘수(鄭春洙) 조승제(趙昇濟) 채필근(蔡弼近) 최지화(崔志化) 최활란(崔活蘭) 한석원(韓錫源) 홍병선(洪秉璇) 홍택기(洪澤麒) 황종률(黃鍾律)

천주교/7명

김명제(金命濟) 김윤근(金允根) 남상철(南相喆) 노기남(盧基南) 신인식(申仁植) 오기선(嗚基先) 장면(張勉)

불교/54명

강대련(姜大蓮) 강성인(姜性仁) 곽기종(郭基琮) 곽법경(郭法鏡) 권상로(權相老) 김경림(金敬林) 김경주(金敬注) 김동화(金東華) 김법룡(金法龍) 김삼도(金三道) 김영수(金映遂) 김영호(金泳鎬) 김용곡(金龍谷) 김재홍(金在弘) 김정섭(金正燮) 김정해(金晶海) 김지순(金之淳) 김진월(金振月) 김청암(金青庵) 김탄월(金坦月) 김태흡(金泰洽) 김한송(金漢松) 박대륜(朴大輪) 박도수(朴度洙) 박병운(朴秉蕓) 박영희(朴暎熙) 박원찬(朴圓讚) 박윤진(朴允進) 박찬범(朴贊範) 변설호(卞雪醐) 손계조(孫啓照) 신태호(辛太浩) 신윤영(申允泳) 유재환(柳在煥) 윤상범(尹相範) 이덕진(李德珍) 이동석(李東碩) 이명교(李明教) 이보담(李寶潭) 이석두(李石寶) 이종욱(李鍾郁) 이태준(李泰俊) 이혼성(李混惺) 이회광(李晦光) 임석진(林錫珍) 장도환(張道煥) 정병헌(鄭秉憲) 정창윤(鄭昌允) 정충의(鄭忠宜) 차상명(車相明) 최취허(崔就墟) 허영호(許永鎬) 홍태욱(洪泰旭) 황벽응(黃碧應)

천도교/30명

김동수(金東洙) 김명호(金明昊) 김명희(金明熺) 김병제(金秉濟) 김종현(金宗炫) 남증석(南曾石) 박석홍(朴錫洪) 박완(朴浣) 백중빈(白重彬) 손광화(孫廣嬅) 손재기(孫在基) 신용구(申鏞九) 오상준(嗚尙俊) 이군오(李君伍) 이근섭(李根燮) 이단(李團) 이돈화(李敦化) 이우영(李宇榮) 이인숙(李仁淑) 이종린(李鍾麟) 이종식(李宗植) 임문호(林文虎)

전의찬(全義贊) 정광조(鄭廣朝) 조기간(趙基竿) 최단봉(崔丹鳳) 최린(崔麟) 최안국(崔安國) 최준모(崔俊模) 하상태(河相台)

유림/53명

공성학(孔聖學) 권순구(權純九) 김광현(金光鉉) 김동진(金東振) 김완진(金完鎭) 김유제(金有濟) 김정회(金正會) 김황진(金璜鎭) 나일봉(羅一鳳) 남상익(南相翊) 박기양(朴箕陽) 박상준(朴相駿) 박승동(朴昇東) 박장홍(朴長鴻) 박제봉(朴濟鳳) 박제빈(朴齊斌) 박제순(朴齊純) 박치상(朴稚祥) 서재극(徐載克) 성낙현(成樂賢) 송시헌(宋始憲) 신현구(申鉉九) 심형진(沈衡鎭) 안인식(安寅植) 여규형(呂圭亨) 오헌영(嗚憲泳) 위대원(魏大源) 유만겸(兪萬兼) 유정수(柳正秀) 유진찬(兪鎭贊) 윤병호(尹炳晧) 윤희구(尹喜求) 이경식(李敬植) 이대영(李大榮) 이명세(李明世) 이상호(李尙鎬) 이선호(李宣鎬) 이인직(李人稙) 이학로(李學魯) 이학재(李鶴在) 정만조(鄭萬朝) 정문현(鄭汶鉉) 정봉시(鄭鳳時) 정봉현(鄭鳳鉉) 정순현(鄭淳賢) 정윤수(鄭崙秀) 정준민(鄭準民) 정철영(鄭喆永) 주병건(朱柄乾) 최달빈(崔達斌) 한준석(韓準錫) 한창우(韓昌愚) 황돈수(黃敦秀)